# O CAMINHAR DA VIDA EM UM CAMINHO DE FÉ!

O RELATO CRUEL E MARAVILHOSO DE UMA PEREGRINAÇÃO!

Editora Appris Ltda.
1.ª Edição - Copyright© 2022 do autor
Direitos de Edição Reservados à Editora Appris Ltda.

Nenhuma parte desta obra poderá ser utilizada indevidamente, sem estar de acordo com a Lei nº 9.610/98. Se incorreções forem encontradas, serão de exclusiva responsabilidade de seus organizadores. Foi realizado o Depósito Legal na Fundação Biblioteca Nacional, de acordo com as Leis nos 10.994, de 14/12/2004, e 12.192, de 14/01/2010.

Catalogação na Fonte
Elaborado por: Josefina A. S. Guedes
Bibliotecária CRB 9/870

| | |
|---|---|
| O482c<br>2022 | Oliveira, Henrique<br>    O caminhar da vida em um caminho de fé! : o relato cruel e maravilhoso de uma peregrinação! / Henrique Oliveira. - 1. ed. - Curitiba : Appris, 2022.<br>    125 p. 21 cm.<br><br>    Inclui referências.<br>    ISBN 978-65-250-3208-5<br><br>    1. Religião. 2. Peregrinações e peregrinos. 3. Aparecida, Nossa Senhora. 4. Fé.<br>I. Título.<br><br>                                                                  CDD – 263.041 |

**Appris** *editora*

Editora e Livraria Appris Ltda.
Av. Manoel Ribas, 2265 – Mercês
Curitiba/PR – CEP: 80810-002
Tel. (41) 3156 - 4731
www.editoraappris.com.br

Printed in Brazil
Impresso no Brasil

Henrique Oliveira

# O CAMINHAR DA VIDA EM UM CAMINHO DE FÉ!

O RELATO CRUEL E MARAVILHOSO DE UMA PEREGRINAÇÃO!

## FICHA TÉCNICA

**EDITORIAL**
Augusto V. de A. Coelho
Marli Caetano
Sara C. de Andrade Coelho

**COMITÊ EDITORIAL**
Andréa Barbosa Gouveia (UFPR)
Jacques de Lima Ferreira (UP)
Marilda Aparecida Behrens (PUCPR)
Ana El Achkar (UNIVERSO/RJ)
Conrado Moreira Mendes (PUC-MG)
Eliete Correia dos Santos (UEPB)
Fabiano Santos (UERJ/IESP)
Francinete Fernandes de Sousa (UEPB)
Francisco Carlos Duarte (PUCPR)
Francisco de Assis (Fiam-Faam, SP, Brasil)
Juliana Reichert Assunção Tonelli (UEL)
Maria Aparecida Barbosa (USP)
Maria Helena Zamora (PUC-Rio)
Maria Margarida de Andrade (Umack)
Roque Ismael da Costa Güllich (UFFS)
Toni Reis (UFPR)
Valdomiro de Oliveira (UFPR)
Valério Brusamolin (IFPR)

**SUPERVISOR DE PRODUÇÃO**
Renata Cristina Lopes Miccelli

**ASSESSORIA EDITORIAL**
Tarik de Almeida

**REVISÃO**
Ariadne Martins

**PRODUÇÃO EDITORIAL**
Isabela Calegari

**DIAGRAMAÇÃO**
Bruno Ferreira Nascimento

**CAPA**
Renata Policarpo

**COMUNICAÇÃO**
Carlos Eduardo Pereira
Karla Pipolo Olegário
Kananda Maria Costa Ferreira
Cristiane Santos Gomes

**LANÇAMENTOS E EVENTOS**
Sara B. Santos Ribeiro Alves

**LIVRARIAS**
Estevão Misael
Mateus Mariano Bandeira

**GERÊNCIA DE FINANÇAS**
Selma Maria Fernandes do Valle

# AGRADECIMENTOS

Este livro que está em suas mãos, com a mais absoluta certeza, foi moldado pela Mãe Querida Nossa Senhora Aparecida! Tive inspiração Divina e condução das histórias vivenciadas para pautar cada dia, cada milagre e cada lição aprendida. Muito obrigado por tudo, Deus e Nossa Senhora!

Mas é claro que o caminho para finalizar este projeto não foi nada fácil. Não caiu do céu. Tenho esse sonho da peregrinação há muitos anos. Agradeço imensamente à Daisy e ao Gustavo, meus pilares fantásticos nessa empreitada, ao José Luciano, líder do grupo de peregrinos de Tapiratiba pelo convite para fazer parte desse sonho e a todo o grupo de "cideiros" que compartilharam comigo dessa experiência fantástica.

Aos familiares, amigos e conhecidos mil que fiz pelas andanças da vida, pelas caminhadas com ou sem cajado, pelos sonhos vivenciados e pelas experiências relatadas neste livro.

Gratidão eterna, também, ao meu estimado e amigo irmão Rinaldo Rino, chef premiado, empresário atarefadíssimo e "cideiro" que não pestanejou em fazer o prefácio desta minha segunda obra publicada.

A todos meu mais robusto OBRIGADO! OBRIGADO! OBRIGADO!

# PREFÁCIO

*Vontade...*
*Força...*
*Fé...*
*Limites...*
*Superação...*

Entre sorrisos e lágrimas, *O caminhar da vida em um caminho de fé!* nos enche o coração de emoções e aprendizagens. Os *limites* do corpo amparado pela *fé* e a *vontade*; as abstenções do conforto, dos meios comuns de transporte, da *força* constante na dependência das redes sociais; a *superação* dos desafios das intempéries climáticas; dias e noites que se confundem em seu cotidiano comum; refeições em forma de piquenique e o repouso muitas vezes no relento!

Este livro nos mostra o propósito da caminhada de fé: é *o relato cruel e maravilhoso de uma peregrinação*, como nos sugere o subtítulo que o autor impõe.

Aliás, este autor grande amigo irmão Henrique Oliveira por meio de sua vicissitude – de uma enorme vontade de busca, de um dom abençoado de relatar os fatos e um profundo conhecimento cristão –, leva-nos a vivenciar uma peregrinação nua e crua de "cideiros" em um caminho ímpar que cruza os estados de São Paulo e Minas Gerais *por duas vezes*, fazendo coro com a *dualidade* descrita nesta obra de forma pertinente e recorrente.

Um livro recomendado a todos aqueles que desejam fazer uma peregrinação, que creem em um Ser Superior, na fé que move, remove e cruza montanhas; na motivação do dia a dia enfrentando uma caminhada quase sempre inconstante.

Esta obra nos faz refletir e sentir a notória diferença sobre a *vontade* e os *limites*, que nos leva à *superação* das barreiras e ganha uma *força* sobrenatural dentro da coletividade de um objetivo comum guiado pela *fé*!

Por meio da peregrinação o espírito se renova a cada passo. Um por vez. Como se fosse um milagre. O milagre da vida!

Uma ótima leitura a todos.

**RINALDO RINO**
*Chef, empresário e peregrino*

# APRESENTAÇÃO

Quando era criança, ouvia meu avô dizer que "a vida se prolonga e tem sentido se você, meu neto, plantar uma árvore, tiver um filho e escrever um livro". Confesso que anos a fio fiquei interpretando essa frase e cheguei à conclusão de que as três coisas tinham em comum o "cuidado", o "regar" e o "acompanhar" durante todo o tempo de sua vida aqui na Terra.

Ouso acrescentar uma quarta experiência que cada ser humano não pode deixar de realizar para a vida ter sentido: **peregrinação**!

A peregrinação é um divisor de águas em minha vida e de tantas pessoas que conheço e vivenciaram esse propósito. É uma oportunidade gigantesca de se autoconhecer, de se perdoar e perdoar os outros além de agradecer imensamente pelo dom da vida em forma de milagre.

Vivenciei um sonho e quis relatá-lo neste livro, para que outras pessoas possam sentir essa vontade e fazer coro com a gente nas próximas caminhadas da vida!

Que você, amigo leitor, amiga leitora, se torne personagem vivo desta história e sinta as emoções na própria pele, o choro incontido da árdua peregrinação e a alegria maravilhosa de seus passos na chegada à Casa da Mãe Aparecida.

Venha conosco nesta viagem!

# SUMÁRIO

ANTES DE TUDO ...... 13

PRÓLOGO ...... 17

INTRODUÇÃO ...... 21

PREPARAÇÃO ...... 25

O QUE LEVAR ...... 33

**MILAGRE 1** ...... 39
PRIMEIRO DIA ...... 40

**MILAGRE 2** ...... 59
SEGUNDO DIA ...... 60

**MILAGRE 3** ...... 67
TERCEIRO DIA ...... 68

**MILAGRE 4** ...... 73
QUARTO DIA ...... 74

**MILAGRE 5**......................................87
QUINTO DIA.....................................88

**MILAGRE 6**......................................93
SEXTO DIA ......................................94

**MILAGRE 7**.....................................103
SÉTIMO DIA....................................104

**MILAGRE 8**.....................................117
OITAVO DIA....................................118

EPÍLOGO......................................123

# ANTES DE TUDO

Ave Maria!

Amiga leitora, amigo leitor, antes de tudo (ou seria depois de nada?), sei lá, é bom que se esclareça um ponto fundamental neste livro: **o respeito à ordem cronológica dos fatos.**

Sempre quis ser peregrino e me via andando pelas vielas de Santiago de Compostela para cruzar o caminho de peregrinação mais famoso do mundo.

Porém minhas desculpas esfarrapadas sempre me impediam de realizar esse sonho.

Até que descobri um caminho "tupiniquim" entre as cidades paulistas de Águas da Prata até Aparecida, maior Santuário Mariano do mundo.

Sem contar que a minha ligação com Nossa Senhora da Conceição Aparecida é de arrepiar e encher os olhos d'água... como vocês saberão logo mais!

Portanto, não tinha mais desculpas e planejei minha caminhada junto com o meu estimado e querido amigo Wuesley Godoy, da minúscula e pacata cidade mineira de Santa Rita de Caldas (risos). Só falo minúscula para ele ficar bravo (rs)!

Bom, marcamos e remarcamos várias datas, roteirizamos a saída, horários e pousos durante o caminho. E prometi que dessa caminhada sairia um livro, que é este que está em suas mãos.

Porém, como vocês verão ao longo desta história, **Nossa Senhora modifica demais os nossos planos, refaz os nossos caminhos e consolida nossa fé!**

Amém e que Maria seja louvada!

Depois de tantos planos, roteiros, datas, escolha de pousadas, escolha de dias para cumprir nossa tarefa, escolha das palavras--chaves que cada capítulo do livro envolveria, enfim...

Depois de tudo isso arrumado, pronto e roteirizado, Wuesley recebe a feliz e inigualável notícia de que vai ser pai, e eu, já em Tapiratiba trabalhando no mais novo projeto dos meus cinquenta anos, a Pizzaria Squina XV – um sucesso, diga-se de passagem, graças aos dois sócios nesta empreitada: minha estimada e maravilhosa esposa Daisy e seu irmão Luis Fabiano –, recebo o convite para realizar outro caminho de fé!

Uma ramificação do caminho oficial. Um roteiro bem diferente, partindo de Tapiratiba até Aparecida com mais 23 peregrinos e três pessoas no apoio, percorrendo 328 quilômetros em oito dias!

Minha Nossa Senhora...

Como os planos são mutáveis!

Como a vida é bela!

Sinto-me na obrigação de fazer essa explicação, **antes de tudo**, para que você minha querida leitora, meu querido leitor, saiba que este livro também foi moldado pelos planos de Nossa Querida Mãe Aparecida.

Tudo que havia imaginado como conteúdo caiu por terra, e essa nova concepção foi sentida dia a dia. Passo a passo. Cada parte do livro escrita a seu tempo. No calor daquela hora sentida. Nas gotas de chuva caídas no corpo cansado. No calor ardente do sol do meio-dia...

Portanto, as partes iniciais foram realmente escritas antes da peregrinação. Os capítulos dos dias percorridos também foram escritos, em grande parte, nos dias da caminhada.

*E a cada dia relatado, a cada trecho diário escrito desta peregrinação segue um milagre de Nossa Senhora que descrevo logo no início do respectivo capítulo, além de uma lição que essa caminhada me mostra a cada dia. A cada novo desafio. A cada novo passo. A cada milagre da vida!*

Não tive nem tenho a pretensão de ser algo robotizado, sem expressão, sem sentimento. Muito pelo contrário, às vezes você vai ter a impressão de já ter lido algo parecido, repetido em algum lugar deste livro.

É isso mesmo!

Porque o propósito desta narrativa é que você, leitora e leitor, se sinta parte viva desta história. Personagem que sofre as nossas dores e sorri com as nossas alegrias.

Por isso o título e subtítulo desta obra já resumem tudo o quero demonstrar nestas linhas:

*O caminhar da vida em um caminho de fé!*

*O relato cruel e maravilhoso de uma peregrinação!*

Seja bem-vinda, bem-vindo a esta história!

# PRÓLOGO

Ave Maria, cheia de graça!

Quando eu rezo essa oração me emociono e nem sei o porquê!

E sabe aquela vontade de fazer algo que você nem sabe de onde veio?

Sabe aquele sonho do qual do nada faz você acordar disposto e feliz?

Sabe aquela sensação tão boa de felicidade só de pensar que pode realizar algo que realmente queira?

Pois é, foi assim que comecei a planejar meu caminho de fé!

Desde muito criança, tinha uma vontade enorme de conhecer e realizar a caminhada de Santiago de Compostela, na Espanha. Um caminho estritamente difícil. Uma árdua aventura religiosa. São várias as possibilidades e a quilometragem de cada uma varia muito.

Mas, a princípio, a rota escolhida na época era o caminho mais comum. Ou seja, o início se daria na cidade de Roncesvales, bem perto de Pamplona, ao nordeste da Espanha, divisa com a França, e, seu final na catedral em homenagem a São Tiago de Zebedeu, apóstolo de Jesus de Nazaré. Esta catedral fica na cidade final que é Santiago de Compostela, distante 777 quilômetros de Roncesvales.

Esse era o único caminho de peregrinação que conhecia durante toda a minha infância e juventude. Aliás, essas duas etapas da minha vida já haviam ido embora. A condição financeira não ajudou tanto. Tirar passaporte era muito difícil. Ficar longe do emprego por mais de trinta dias era insustentável. Ficar longe da família por igual período era improvável...

Enfim...

Foram tantas as desculpas que hoje, quando penso e olho para trás, até me envergonho de tantas tentativas não tentadas e quantas sensações frustradas!

Porém chegou um dia em que a minha vida mudou!

Eu realmente estava disposto a realizar e percorrer a caminhada de Santiago de Compostela ou outra que se assemelhasse. **Eu realmente queria passar pela experiência da peregrinação.** E não queria mais procrastinar.

E, então, achei a fórmula ideal para o início do projeto!

Primeiro, iria fazer o caminho de fé, trajeto que vai de Águas da Prata até Aparecida, ambas cidades do interior paulista onde moro!

Pronto.

Estava decidido!

Eram mais de 300 quilômetros e algo em torno de 11 dias para percorrer a pé! Uma caminhada maravilhosa! Um início perfeito para o sonho maior de Santiago de Compostela.

Só não sabia que seriam sonhos totalmente distintos. Ou seja, cada sonho tem o seu papel. Cada sonho traz consigo mesmo a condição de realizá-lo. Cada sonho traz em si o seu próprio caminhar.

E caminhando eu realizei o meu sonho!

**O sonho que a minha vida me deu! E a vida que o meu sonho me deu!**

Por isso, este livro!

Contando um pouco do caminho. Um pouco do sonho. Um pouco da vida!

O caminhar da vida em um caminho de fé!

Meu caminho. Meu sonho. Minha vida!

Ou melhor: **nossos caminhos, nossos sonhos, nossas vidas!** Sei lá!

A vida dá tantas voltas. Tantas mudanças e eu, de repente, obrigado de novo a modificar a estrutura da viagem. Fui fazer um caminho diferente.

Um caminho que vai de Tapiratiba a Aparecida em **oito noites e percorre 328 quilômetros.**

O importante é que você, meu amigo e minha amiga leitora, sinta-se representado e viva cada experiência retratada aqui como se fosse sua!

Boa viagem e boa leitura!

# INTRODUÇÃO

O caminho da fé foi idealizado em seu trajeto original de Águas da Prata até Aparecida pelo peregrino Almiro José Grings. Ele se baseou no caminho de Santiago de Compostela, na Espanha, que já havia feito em duas ocasiões anteriores.

O trajeto rural e urbano do caminho da fé *"tupiniquim"*, como ele mesmo gosta de chamar, começa por Águas da Prata, cidade paulista onde Almiro morava à época. Município pacato, simples, com pouco mais de 7 mil habitantes, distante 11quilômetros de São João da Boa Vista, também interior paulista e 30 quilômetros longe de Poços de Caldas, cidade cravada no sul de Minas Gerais.

A cidade de Águas da Prata é bem tranquila, com várias pousadas ainda, pois foi detentora de um forte apelo turístico pelo balneário famoso que ali existiu por muitas décadas.

Suas águas termais eram conhecidas e difundidas por todo o Brasil, mas infelizmente no início dos anos 2000 seu mais atrativo ponto turístico foi fechado de vez. E a cidade voltava a ser ainda mais calma e tranquila.

O senhor Almiro fez uma viagem de carro até Aparecida e foi elaborando uma rota em sua mente. Convidou outras pessoas, como Clóvis Tavares de Lima, Iracema Tamashiro e Aparecida de Lourdes Dezena Cabrelon, para juntos caminharem por esse trajeto e depois contatarem prefeitos e autoridades para, finalmente, aprovarem o referido projeto.

E assim foi o início.

O início de um sonho maravilhoso!

No dia 11 de fevereiro de 2003, o caminho de fé foi inaugurado e a distância de pouco mais de 300 quilômetros até a Catedral de Aparecida foi vencida em dez dias.

Um sucesso!

A associação criada para a manutenção desse trajeto se encontra em Águas da Prata. De lá o peregrino retira o envelope, a carteira, também chamada de passaporte para ser carimbado em cada ponto ou pousada do trajeto, sendo o documento comprobatório da realização da caminhada em todas as suas etapas.

O ponto final, claro, é a Basílica de Nossa Senhora de Aparecida. O maior Templo Mariano de todo o mundo tem mais de 140 mil metros quadrados ao longo do espaço dedicado a todo o complexo.

Os romeiros, como são chamados os peregrinos – pela simples alusão de um caminho milenar que chegava a Roma, sede do império poderoso na ocasião –, se derramam em lágrimas e se enchem de bênçãos nesse local sagrado para eles.

E são exatamente essas sensações que eu quero passar!

São essas experiências que pretendo viver ao longo de 11 dias, já que escolhi sair andando da cidade onde moro e trabalho há mais de uma década, São João da Boa Vista. Só que não.

A vida nos apronta cada surpresa!

Fui convidado, ou melhor, convocado por outro grupo para fazer uma peregrinação e meus planos mudariam outra vez, já que seriam 8 dias e não mais 11, e a saída seria de outra cidade.

A cidade onde nasci: Tapiratiba, uma pequena, não minúscula (risos) e também pacata cidade do interior paulista.

Serão 8 dias de caminhada entre asfalto e estrada de terra, montes, vales, subidas, descidas cruzando os estados de Minas Gerais e São Paulo, passando pelas cidades de Caconde, Palmeiral, Caldas, Santa Rita de Caldas, Santana de Caldas, Ipuiúna, Congonhal, Pouso Alegre, Conceição dos Ouros, Paraisópolis, Santo Antônio do Pinhal, Moreira César e, finalmente, Aparecida.

Ufa, me cansei só de citar as cidades por onde iremos passar.

Vou fazer parte do grupo que se autodenomina Peregrinos da Paróquia Nossa Senhora Aparecida (PPNSA).

Esta caminhada vai começar.

Este sonho vai ter início.

Esta **experiência e vivência, enfim, serão contadas e compartilhadas neste livro.**

Na verdade, um diário que traz história, vida e sonho!

**Tudo isso e nada! Ou seria: nada disso e tudo!**

Sei lá!

Enfim...

O que importa é o caminho! E ir caminhando!

# PREPARAÇÃO

Bom, se você já chegou até aqui neste livro, já leu e descobriu como surgiu o caminho de fé *made in* Brasil, que se iniciou na cidade querida de Águas da Prata. Cidade essa encrostada no interior de São Paulo, distante mais de 300 quilômetros de Aparecida, local sagrado para os brasileiros e, principalmente, os "caipira pira pora", tão bem ilustrados na fantástica canção de Renato Teixeira intitulada "Romaria".

Canção não, concordo com Oswaldo Montenegro quem a distingue como "hino". Um verdadeiro hino de fé, de amor, de paixão e reverência à nossa querida Mãe Aparecida.

*Como eu não sei rezar*
*Só queria mostrar*
*Meu olhar, meu olhar, meu olhar!*

Sinto um forte arrepio todas as vezes que relembro essas frases em forma de prece. A prece que brota do fundo da alma. Na ocasião menos provável. No mais escondido espaço do nosso coração.

Que genuíno, lindo e emocionante!

Aparecida é uma cidade festejada há mais de três séculos pela aparição, segundo tradição local, oral e alguns documentos, de uma imagem de uma santa Nossa Senhora da Conceição, um pouco escurecida, encontrada por três pescadores: João Alves, Felipe Pedroso e Domingos Garcia, em meados de outubro de 1717, no rio Paraíba do Sul. Às margens desse rio se desenvolveu a cidade de Aparecida, uma homenagem àquela santa "aparecida" naquele rio.

É importante relatar que tal imagem foi resgatada em duas partes. Primeiro, o corpo, e só depois a cabeça da imagem, feita de terracota e que mede 36 centímetros de altura e pesa dois quilos e meio. Eis aí o primeiro milagre atribuído a Nossa Senhora Aparecida: apareceu em dois momentos distintos e se fez um só! **A força da fé na unicidade!**

Olha que lição mais bonita e mais simbólica possível atrelada à missão de seu Filho Jesus Cristo: sua altura é 36 centímetros. Trinta e seis é múltiplo de 12. Três vezes 12 apóstolos. O Pai/Mãe, o Filho e o Espírito Santo sendo exaltados nessa imagem. **A força da fé na Trindade!**

E o que falar dos dois números mágicos representados no peso da imagem: 2 e 5! O milagre dos dois peixes e cinco pães! Não por acaso essa imagem pesa 2,5 quilos. **A força da fé na multiplicação!**

Em resumo, nessa "simples aparição", a régua numérica da fé se faz extremamente representada: **a união das peças, a força da Trindade e a multiplicação dos milagres do dia a dia em nossas vidas!**

Sim, somos abençoados por Deus e por Nossa Senhora todos os dias de nossa vida. Embora algumas vezes não nos demos conta desses "milagres" corriqueiros da vida. O abrir dos olhos. O sorriso no rosto. O abraço do filho na manhã. O beijo da esposa. O café na mesa. O alimento sagrado compartilhado. O caminhar. Passo a passo. Um de cada vez!

Enfim...

As coisas não acontecem no nosso tempo, do nosso jeito, na nossa avaliação. Não! Não! E não!

Quando, de repente, nos vemos numa cronologia e olhamos para trás, percebemos a linda história que se fez, digna de um roteiro de filme, uma peça teatral ou um enredo de um livro.

Somos abençoados todos os dias com esses pequenos milagres que, mesmo não nos dando conta, são visíveis e maravilhosos aos olhos do Pai e de nossa querida Mãe Aparecida.

E, mesmo antes de ter um motivo muito especial, sempre quis me juntar aos milhares, milhares e milhares de romeiros que percorriam a pé a distância de suas cidades até a catedral de Nossa Senhora na cidade de Aparecida.

A busca de si mesmo no caminhar! Repita-se: passo a passo, um de cada vez!

Sempre tive essa vontade de peregrinar o caminho árduo do trajeto a pé e sentir a sensação única de vencer mais uma etapa em nome da fé.

O senhor Almiro Grings já havia me relatado, em palestra, e não custa repetir aqui que "essa batalha do caminho de fé só se vence pela fé. Quem busca aventura, turismo, alta performance não chega. Só a fé te conduz no caminho"!

E o que é a fé?

Uma simples busca no Google, Wikipedia ou qualquer dicionário vai encontrar o conceito de crença, credibilidade em algo não visível, palpável, algo não sustentado por qualquer tipo de prova ou critério objetivo de verificação.

Em outras palavras, a busca sincera de uma realidade. A verdade absoluta de que algo não provado seja verdade. A confiança concreta de uma ideia e a convicção honesta de sua transmissibilidade como verdade.

Ou então, como no Livro de Hebreus, capítulo 11, primeiro versículo: **"Ora, a fé é o firme fundamento das coisas que se esperam e a prova das coisas que não se veem"!**

**Deus é o Pai Todo Poderoso! Aprenda a confiar!**

Isso!

E o caminho? O que é o caminho?

Para os matemáticos, o trajeto que se percorre entre o ponto A e o ponto B. Para os "caipira pira pora", como eu, **caminho é**

**a estrada que te leva, te conduz do lugar onde você está para o local aonde você quer ir. Feito um milagre!**

Portanto, nesta parte do meu livro, escrita bem antes do início da peregrinação, o caminho de fé é a estrada cheia de esperança e crença que me leva do meu ponto de partida para a chegada à casa da Nossa Mãe Padroeira.

O **caminho de fé** é, a princípio e antes de iniciá-lo, *a busca ao autoconhecimento, a essência das coisas simples* em você mesmo e *o agradecimento aos milagres diários* da nossa vida.

Será este o conceito no final do livro?

Veremos!

Como já relatei anteriormente, sempre tive vontade de participar dessa peregrinação em terras brasileiras e internacionais, como por exemplo o caminho de Santiago de Compostela, na Espanha.

Para os leitores mais atentos, eu já dei uma dica em capítulo anterior dizendo que **"mesmo antes de ter um motivo muito especial"** eu já tinha vontade de cruzar a estrada entre Águas da Prata e Aparecida.

Nesse tempo, vários foram os planejamentos, inúmeras possibilidades foram estudadas, roteiros e datas mil foram criadas, mas nada. Nada de percorrer, de fato, o caminho da fé.

No entanto, em uma visita ao meu estimado amigo e dentista José Luciano, pessoa íntegra ao extremo, de caráter maravilhoso e dotada de uma bondade que não lhe cabe, comentei sobre essa minha vontade de percorrer os mais de 300 quilômetros rumo à Aparecida.

E ele se interessou muito sobre o assunto, disse-me que havia ouvido falar que em Tapiratiba tinha um grupo de romeiros que costumavam ir a pé até a cidade sagrada de Aparecida. E assim os caminhos foram mudando. Ramificando-se. Ampliando-se. Criando novas possibilidades e outros roteiros.

Falando em novas possibilidades, aqui abro um parêntesis para explicar a minha tese sobre o termo empregado nessas peregrinações: romeiros. Para mim, com a mais absoluta certeza, o termo correto que deveria ser usado aos que caminham em direção à Aparecida é "cideiro".

Ora, romeiro é quem se dirige à Roma, pelo poderio do seu antigo império e nas peregrinações italianas atuais para se buscar a bênção de Pedro e seu sucessor, o papa. Em Aparecida se reverencia a Mãe Padroeira do Brasil, Nossa Senhora Aparecida. Por isso, o termo "cideiro" se encaixaria muito melhor.

Podemos e devemos mudar essa tradição dos peregrinos. Vamos nos autoproclamar "cideiros"!

Retornando à história, meu amigo José Luciano encontrou com alguns peregrinos/ "cideiros" e, de repente, ele estava fazendo o caminho e eu não. Eles saíram de Tapiratiba, cidade onde nascemos e crescemos, passaram por Caconde, Palmeiral, Caldas, Santa Rita de Caldas, Santana de Caldas, Ipuiúna, Congonhal, Pouso Alegre, Conceição dos Ouros, Paraisópolis, Santo Antônio do Pinhal, Moreira César, e finalmente chegaram a Aparecida.

Meu Deus, quanta emoção eu senti pela experiência fantástica relatada pelo meu querido amigo José Luciano.

E assim surgiu o convite para participar com ele e mais alguns "cideiros" dessa caminhada de fé, por outros caminhos, outras cidades do interior de São Paulo e Minas Gerais. Novas possibilidades!

Comecei a me preparar mentalmente para essa experiência e de repente me vi com muito medo e receio do que viria pela frente. Será que vou conseguir acompanhar o grupo? Ou serei um estorvo, um problema na peregrinação?

Ah, minha doce e amada Mãe Nossa Senhora! Rogai por mim e meus irmãos!

Penso nesses novos irmãos e amigos que farei durante a peregrinação. Pessoas com personalidades diferentes. Cada um à sua maneira, mas todos consolidados no propósito de grupo: **iniciarmos e terminarmos juntos, os 24 peregrinos!**

Mesmo com medo e receio de participar dessa peregrinação, à medida que os dias passam, meu medo se transforma em ansiedade.

Falta menos de um mês para a nossa caminhada e temos a oportunidade de nos reunirmos na Pizza na Roça, lugar iluminado e sensacional do meu irmão, mestre, chef e melhor pizzaiolo do Brasil no ano de 2008, Rinaldo Rino.

Lá fizemos o nosso evento para arrecadação extra de receitas para custear uma parte de nossa peregrinação. Isso porque os 600 reais que cada peregrino pagou não dariam para cobrir todas as despesas de locomoção, transporte, alimentação e estadia nas cidades citadas.

Então, já virou tradição no grupo a realização de algum evento, além das doações aleatórias de pessoas que nos ajudam. Agradecemos a todos. Sucesso total.

Um sucesso absoluto, também, o "porco pizza" preparado em conjunto pelas mãos mágicas do chef Valdeci Serra e meu irmão. Os dois deram um show à parte!

Mais de 200 ingressos foram vendidos. Cervejas, refrigerantes e água foram consumidos durante a manhã e a tarde do dia 19 de setembro de 2021, junto com a estupenda comida preparada com muito carinho, dedicação e profissionalismo dos dois.

Nós, os outros 22 peregrinos, nos esforçamos para ajudar no serviço de atendimento às mesas, na venda dos bingos, na organização, disposição das mesas, limpeza do local.

Enfim, até bingo eu cantei (risos), embalado pelo som ao vivo presente no local. A simpática Adriana, cantora de Divinolândia nos alegrou nesse dia memorável. Seu marido, no som, dava as coordenadas e recebia os pedidos de música dos presentes.

Muito bom!

Esse espírito de colaboração e ajuda nos fez mais preparados e me colocou de vez no grupo PPNSA, Peregrinos da Paróquia Nossa Senhora Aparecida, do qual conhecia poucas pessoas. Passei, a partir daquele evento maravilhoso e rentável, a realmente fazer parte do grupo de "cideiros" que iriam a pé à Aparecida dias depois.

Sabia também que levaria no coração e na alma o meu animado amigo Wuesley Godoy.

Um mineiro arretado, casado com a Débora, enfermeira, e que conseguiu emagrecer mais de 40 quilos em um ano. Um senso de responsabilidade e humor que ultrapassam o senso comum.

Wuesley é aquele cara que já passou por poucas e boas nessa vida. Um vendedor nato, talentoso, hábil. E a partir daí se fez professor, administrador de empresas, mestre em marketing digital, conhecedor profundo de técnicas de vendas e, acima de tudo, um amigo.

Um amigo pronto a ajudar naquilo que for preciso. Mas não se assuste, tem uma personalidade extremamente forte, guerreira e correta. Justiça em primeiro lugar.

Já teve fábrica de biscoitos em sociedade e, convenhamos, quem tem sócio visita o céu ou o inferno, ou os dois ao mesmo tempo. O certo é que a sociedade foi feita para terminar um dia. E nesse caso do Wuesley, ele teve que pagar contas durante três anos para se levantar de uma falência em que a vida lhe meteu.

Mas, como bom homem, generoso e correto em suas atitudes, deu a volta por cima e conseguiu abrir uma nova empresa. E dessa vez ele optou por serviços na área de marketing digital que tão bem executa. Sucesso total!

Porém esse meu amigo não vai poder estar presente nessa empreitada, pois uma caminhada maior o chamou: ser pai.

Débora está grávida, esperando uma menininha linda: Olívia. E tenho certeza que o paizão Wuesley estará comigo nessa caminhada. Parabéns papai, e vamos marcar a próxima hein!

Também na próxima vai se juntar ao nosso grupo a guerreira Cláudia Satti, carinhosamente chamada de Claudinha, professora, caminhante por opção e determinação. Eis aí sua principal característica, pois conseguiu com muita força, fé e coragem driblar doença tenebrosa que a vida lhe impôs.

Uma verdadeira lição de vida. Uma história de superação e milagre. Que você vai fazer questão de agradecer por estar bem e com saúde.

Mas não tem nada, não, Claudinha. Um tropeço impede a queda, não é mesmo? Da mesma maneira que venceu uma luta, não será essa Covid que a impedirá de fazer o trajeto conosco.

Só que não este ano. Porque ainda não chegou sua hora, mas olha, vai se preparando e leia bem o próximo capítulo para se organizar para o ano que vem!

Este ano quem a substituiu há dois dias da viagem foi nosso fantástico massagista de plantão: Jairo Remédio. Bem-vindo de volta, amigo!

E os 24 peregrinos estão prontos e atentos preparando suas bagagens. Prepare-se conosco, também!

# O QUE LEVAR

E quanto mais a data marcada vai chegando perto, mais ansioso eu fico. E mais curioso também, já que tenho que arrumar a mala, separar as roupas, deixar tudo mais fácil para a peregrinação, comprar remédios, pomadas, filtro solar.

Enfim, o que devo levar? Sou iniciante, farei minha primeira experiência peregrina.

Pois bem, a primeira coisa que um peregrino deve ter na **bagagem é a fé em Deus e Nossa Senhora**! Sem dúvida!

Essa a primeira e grande lição: fé!

E foi com essa fé que nos reunimos no dia 11 de outubro na Igreja Matriz de Tapiratiba para recebermos a bênção de envio aos peregrinos feita pelo nosso pároco Luis Carlos Gonçalves, carinhosamente chamado por todos de padre Lú.

Ele nos brindou com uma mensagem muito linda, forte e objetiva: a peregrinação deve ser confirmada com a mudança positiva nos costumes. A revisão de vida. A consolidação nos preceitos religiosos acima de tudo.

– Uma peregrinação sem confissão não vale nada – emendou ele em tom direto a todos nós.

E assim fizemos esta foto para nunca mais esquecer!

Não se esqueça, também, de seu rosário, sua santa e um cajado para a proteção espiritual e segurança pessoal nos passos a serem dados cuidadosamente no caminho.

Aqui um parêntesis para agradecer ao mestre Rinaldo, com carinho extremo fez o meu cajado – e de outros do nosso grupo – de broto fino de bambu, extraindo sua água interna para ficar mais leve. E ainda personalizou meu cajado com a inicial G, meu nome Henrique e o diferencial PHD, da minha empresa educacional em sociedade com a Daisy, minha esposa!

Esse pirógrafo trabalhou muito bem, hein! Obrigado, Rinaldo.

Saco de dormir ou colchão é de extrema necessidade também. O ônibus que irá nos levar tem 48 poltronas. Cada duas poltronas, então, são usadas para cada peregrino guardar seu colchão ou algo que se assemelha e toda a sua bagagem.

Ou seja, tudo que formos levar para a peregrinação deve estar na parte de cima do ônibus, porque a parte de baixo fica toda comprometida com a caixa térmica onde ficam as águas e as barras de gelo, o fogão, o botijão de gás, as comidas não perecíveis e bebidas que ganhamos e compramos para os dias de caminhada.

São muitas doações, e agradecemos demais aos que colaboram conosco. Doações espontâneas e às vezes anônimas, porque assim o doador nos vê como extensão de sua fé, cumpridores de sua promessa.

Muitas vezes a pessoa quer nos ajudar para se fazer presente no nosso grupo, pois não pode nem tem condições de fazer o caminho com a gente, mas se faz presente naquele mimo que nos concede.

E com certeza esse doador faz parte do nosso grupo e está em nossas orações e nossos agradecimentos.

Optei por levar um saco de dormir e não um colchão. E explico: é mais fácil de tirar e guardar, mais leve e tem a facilidade de virar um edredom, uma coberta, porque se fizer frio, você o fecha inteiro e pronto.

Levei também um lençol e uma coberta de microfibra, um tipo de cobertor para colocar por cima, se fosse necessário. Confesso que durmo só de short e nem me cubro a maioria dos dias. Mas, como tudo é novidade, optei por levar mais alguma coisa para afastar o frio.

Outra coisa imprescindível é a capa de chuva. Nunca se sabe como estará o tempo durante as oito noites e oito dias de caminhada. E olha que comprei uma capa reforçada (risos).

Sabe aquela capa de motoqueiro? Então, vem uma calça e uma jaqueta com gorro e é bem reforçada. Espero não a usar rs, mas nunca se sabe os desígnios de Deus e Nossa Senhora, não é mesmo?

Dentro da mala deve-se levar o menos possível: troca de roupas para todos os dias, com camisetas leves e apropriadas, shorts e bermudas confortáveis porque serão muitos e muitos quilômetros de caminhada por dia e você não terá a mínima condição de fazer a troca durante a caminhada.

Ou seja: acorda e coloca a roupa que vai lhe acompanhar durante todo o dia. Geralmente, só depois de 12, 13 horas de caminhada é que chegaremos ao nosso novo destino de pouso. E aí, sim, você irá tomar banho e fará a troca de roupa.

Outras coisas importantíssimas: levar saco para colocar roupa suja, porque por mais que você queira e consiga lavar suas roupas naquele dia depois da caminhada, suas roupas deverão ser guardadas separadamente daquelas que você ainda não usou. E levar sempre sacolas avulsas de plástico, papel higiênico e álcool gel, porque nunca se sabe como o seu organismo vai reagir.

Às vezes algum alimento mal digerido vai lhe causar uma tremenda dor de barriga. E aí, minha amiga e amigo leitor, só o meio do mato para lhe salvar (risos). Avisa alguém do grupo para esperar você, pegue sua sacolinha, papel higiênico e álcool gel e seja o que Deus quiser rs. Assim caminhou a humanidade desde os primórdios. Vida simples e solta na natureza. E nós vamos repetindo milhares de anos depois!

São dicas, o.k.? Somente dicas!

Na sua mala que vai ficar no ônibus é sempre bom levar um tênis de reserva. Um ou dois, porque, como já falei, nunca se sabe, e se chover poderemos andar em muito barro e talvez encharque demais o seu tênis de uso. Por mais que você lave, pode ser que ele não seque a tempo de você utilizar no dia seguinte.

E sabemos que usar tênis molhado pode dar muitas bolhas no pé. E falando em bolhas, essas, sim, as grandes vilãs do peregrino. Portanto, não esqueça jamais uma agulha, uma pomada, um esparadrapo, um creme para bolhas, porque esse inimigo parece ser o mais perigoso e o mais temido entre os caminhantes.

Remédios para dor de cabeça, dor no corpo, dor de tudo quanto é jeito são imprescindíveis levar consigo. Porque sabemos, quase ninguém é imune a dor! E você vai sentir muita dor!

Não esqueça também o seu filtro solar, os mangotes para os braços e o chapéu. Ah, meu Deus, o chapéu de peregrino: aquele que cobre a nuca é importantíssimo porque o sol teima em queimar exatamente nessa parte da cabeça.

A bagagem de mão deve conter uma mochila leve, pequena, onde caiba o seu rosário, a imagem de sua protetora, capa de chuva, sacolas de plástico, papel higiênico, álcool gel, remédios de uso contínuo e de dor que falei anteriormente, barras de cereal, castanhas, frutas, enfim, comida para esses intervalos entre café e almoço e, claro, água, muita água para se hidratar pelo caminho.

Outra coisa que não pode esquecer é uma lanterna, principalmente de led que ilumina mais e é bem menor. Às vezes até aquela que fica no capacete é bem legal, tipo biker.

Ufa, acho que são essas as dicas para você se preparar bem para fazer a peregrinação com a gente!

Está pronto, então?

Vamos juntos nesta maravilhosa aventura. Que Deus Pai/Mãe e Nossa Senhora nos ilumine, nos proteja e nos guarde!

Amém!

# MILAGRE 1

## O CAVALEIRO ATEU

*Um cavaleiro, passando por Aparecida vindo de Cuiabá, e dizendo não acreditar nos milagres de Nossa Senhora Aparecida, quis desafiar a fé dos romeiros, entrando na igreja a cavalo. Ao tentar subir de montaria a escada do templo, a ferradura do cavalo cravou-se na pedra ao lado do primeiro degrau, de modo que o animal não podia mais erguer as patas. Arrependido, desceu do cavalo e entrou na igreja com as mãos postas e pediu a Nossa Senhora que o perdoasse, acreditando em seus milagres e em seu grande poder.*

# PRIMEIRO DIA
## 14-15 DE OUTUBRO DE 2021
## TAPIRATIBA – PALMEIRAL

A ansiedade está tomando conta de meu ser. Não vejo a hora de sair em caminhada. Passo a passo. Dia a dia. Desafio a desafio.

À tarde, uma chuva torrencial me deixa apavorado, desesperado, e mais uma vez com muito medo.

Arrumo as malas às pressas, coloco tudo o que me lembro dentro delas e, é claro, a fotografia que me motivou demais a realizar essa empreitada: o Gustavo em seus primeiros minutos de vida junto da imagem de Nossa Senhora Aparecida.

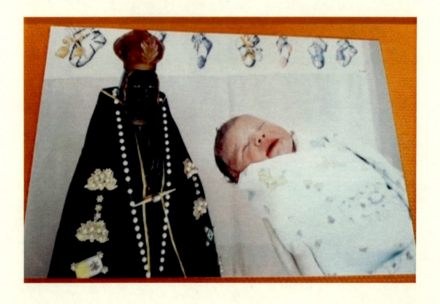

O CAMINHAR DA VIDA EM UM CAMINHO DE FÉ!

Me arrepio até hoje, passados 13 anos dessa bênção, ao rever a nossa homenagem à Mãe toda poderosa.

Queríamos muito um filho. Mas os médicos disseram que não poderíamos tê-lo por causa de uma endometriose na possível mãe e uma fertilidade baixíssima no possível pai.

Em 10 de outubro de 2007, tínhamos uma reunião em São Paulo na franquia LFG que detínhamos desde 2003. Essa empresa nos enche de orgulho até hoje, já passada quase uma década de sua inatividade.

O professor LFG, como gostava de ser chamado o visionário Luiz Flávio Gomes, era um amigo que tivemos o imenso privilégio de conhecer, admirar e nos tornarmos seus sócios por longos anos.

Enfim, nessa data de 10 de outubro tínhamos à nossa disposição uma diária paga em um hotel na avenida Paulista, em São Paulo, reservada desde a véspera após o almoço para a realização de check-in.

Sugeri à Daisy, então, minha aventureira esposa, que fôssemos até a Aparecida e de lá, no final da tarde, pegaríamos a Via Dutra e iríamos para São Paulo, chegando à noite no hotel, onde poderíamos dormir e descansar para a reunião do dia seguinte. Evitaríamos trânsito, além de ficarmos mais tranquilos para a discussão dos temas do próximo ano na franquia de educação pioneira no ensino à distância.

E assim o fizemos. Saímos de Tapiratiba em direção a Aparecida. E foi extremamente tocante o que vimos e sentimos. **Uma legião de pessoas caminhava à beira das estradas. Aquelas pessoas iluminadas percorriam a pé o destino de suas cidades até a Aparecida.** Me emociono de novo ao escrever estas linhas.

Eram pessoas de todas as estirpes. De todos os tamanhos. De todas as cores. Etnias. Porte atlético. Mas todas, sem exceção, tinham em comum a fé! A fé na Nossa Senhora Aparecida! A fé no caminhar! A fé na andança! A fé, motivo maior daquelas peregrinações!

A fé conduzia cada uma daquelas pessoas até a casa da nossa querida Mãe Aparecida. Que lindo e impactante.

Impactante também foi a atitude da Daisy no Santuário. Mais precisamente na Sala das Promessas vendo as milhares de graças estampadas nas paredes. Ela orou dessa maneira:

– Querida Mãe, Toda Poderosa! Por que todas essas mulheres tiveram a chance de ser mães e eu não? Quão poderoso é seu Poder, que eu também quero ser mãe! Nossa Senhora Aparecida, rogai por nós!

Outra vez me sinto arrepiado em contar essa história.

Dois meses antes, em agosto de 2007, havíamos feito os exames e nossos médicos sugeriram uma única alternativa: fertilização *in vitro*, o que à época representava quase 30 mil dólares e duração média de três anos de tratamento para possível gravidez.

Pensamos então em orçar uma piscina para o nosso sobrado. Já que não teríamos mais que preocupar com "nossa criança" à beira dela, resolvemos saber quanto custava tal benfeitoria para a nossa residência.

Qual não foi o espanto quando em meados de novembro daquele mesmo ano a Daisy recebeu uma visita não em sonho, mas enquanto parecia dormir, de um anjo que afirmou com toda a certeza:

– Você está grávida!

E ela ficou em silêncio.

Guardou esse segredo e marcou uma consulta com o seu ginecologista. Dr. Antonio Teixeira sempre foi e é mais que um médico. Sabe aquele ser humano ímpar, capaz de se entregar à profissão de tal maneira que acaba sendo o melhor amigo da família? Esse é o Dr. Teixeira: espontâneo, direto, honesto e ótimo médico.

– Estou vendo um pontinho aqui – exclamou ele no ultrassom realizado na Daisy. Parece um sangue, um traço de três milímetros!

Pasmem!

Era o iluminado e amado Gustavo em gestação! Dois meses exatamente após a oração da Daisy em Aparecida!

Milagre?

Amor maior?

O que seria essa resposta da Nossa Querida Mãe Aparecida?

Na minha leiga e sincera opinião, apenas a confirmação da junção das duas maiores virtudes de Nossa Senhora: milagre do amor maior.

Incondicional. Generoso. Espontâneo. Garantidor. Graças e mais graças sejam dadas a cada momento!

Cada momento de nossa vida é um verdadeiro milagre do amor maior, como já enaltecido nesta obra. Que não canso de ler e reler.

O simples abrir dos olhos na manhã. O sorriso no rosto. A alegria de mais um dia. Mais um caminhar. O passo a passo. Um depois outro.

E assim foi a primeira noite da caminhada tão esperada. Um passo por vez. Um desafio novo a cada momento.

A chuva torrencial da tarde deu trégua. Já passava das 9h25 da noite quando cheguei ao lado do meu estimado e querido pai, José Olímpio, nas escadarias da Igreja Matriz de Tapiratiba.

E adivinha quem é a padroeira dessa igreja e da pequena, mas acolhedora cidade do interior paulista com pouco mais de 12 mil habitantes?

Nossa Senhora Aparecida! Por isso, PPNSA!

A construção desse templo data da década de 20 do século passado. Demorou pouco mais de 14 anos para ser edificada em estilo clássico, com a abóbada bem grande e uma torre com sino bem significativo para a época.

E as pinturas, então! Como são belas as telas do pintor russo Vladimir Krivoutz que, em 1957, desenhou a abóbada toda deitado em um andaime.

Maravilhosa essa igreja!

E foi nas escadarias dessa edificação que nós, 24 peregrinos mais um motorista e dois chefs de cozinha nos reunimos para as orações e despedidas de nossos familiares e amigos que ali estavam para orarem e torcerem juntos por uma boa caminhada.

O relógio marcava 10h10 da noite daquele dia 14 de outubro de 2021, e ali saímos dando os primeiros passos atrás de um carro de som que entoava canções em homenagem à nossa querida Mãe Aparecida.

A voz marcante do rei Roberto Carlos nos acompanhou até o trevo da cidade em direção a Caconde.

> *Cubra-me com o seu manto de amor...*
> *Acalma-me as feridas e a dor...*
> *Me faz suportar...*

Quantas feridas e quantas dores nos seguiriam a partir daquelas dez horas e dez minutos saindo da Igreja Matriz de Tapiratiba rumo a Aparecida.

Estávamos em 24 peregrinos: seis mulheres e 18 homens. Todos com um só objetivo: chegar em paz, com saúde e graça na cidade sagrada para os "cideiros".

Primeiros quilômetros e uma brisa suave nos deixa animados, empolgados e felizes. Felizes também estão nossos amigos e familiares nos acompanhando em comitiva, buzinando e acendendo luzes de sinalização.

Que sensação maravilhosa. Pessoas que nem sequer sabemos o nome passam pela gente e aclamam desejando boa viagem e solicitando orações.

Como é maravilhoso isso, sermos motivos de prece de tanta gente e poder orar por pessoas que nem conhecemos. E, olha, vamos orar mesmo, por nós, nossos familiares, nossos amigos e quem mais solicitar pelo caminho.

Caminho onde fazemos a primeira parada técnica às margens da entrada da fazenda Rosa Branca, cinco quilômetros longe do nosso ponto de partida às 11h15 daquela noite inesquecível de 14 de outubro.

Ainda sinto o meu corpo vibrar de tanta emoção. Há quanto tempo eu queria fazer isso: uma peregrinação! E dessa vez até Aparecida.

Pensei. Calculei. Planejei. Repensei. Recalculei. E, finalmente, lá estava eu de cabeça erguida com os meus 98 quilos passo a passo acompanhando aquele grupo totalmente heterogêneo. Vinte e quatro peregrinos e cada qual com sua intenção, com seu pedido.

Eu não estava pagando nenhuma promessa, já que aquela feita pela Daisy já fora cumprida há tempos. Tínhamos afirmado que deixaríamos uma foto do Gustavo lá na Basílica em sinal de agradecimento e o levaríamos com um ano de vida para visitar esse local sagrado.

E assim o fizemos. Com menos de um ano ele estava em Aparecida conosco e aquela foto que ilustra este livro foi tirada por uma enfermeira no dia do parto.

Veja só, como eu sou muito medroso (risos), não acompanhei o parto da Daisy por orientação médica. "Se você desmaiar, vai ficar lá", foi o que ouvi rs.

Então contratei uma enfermeira para tirar as fotos do referido parto para ficar como recordação. Essa senhora não nos conhecia, pois o nascimento do nosso filho não foi em Tapiratiba.

Naquele dia 28 de julho de 2008, nasceram quatro crianças antes do Gustavo. E, nesse local, estavam preparadas quatro estufas climatizadas onde os bebês ficavam nos minutos iniciais.

Quando o Gustavo chegou no colo de uma outra enfermeira, não tinha lugar para ele, o que fez com que a segunda sala com mais quatro estufas fosse aberta e preparada para ele.

Nesse meio-tempo a enfermeira fotógrafa, que nada sabia da gestação e nem sequer tinha ideia de nossa religião, viu que havia naquela sala, e só nela, uma imagem de Nossa Senhora. Ela então pediu à enfermeira que estava segurando o Gustavo para aproximá-lo da Santa para registrar uma foto.

Pronto!

A foto que havíamos prometido levar para Aparecida estava pronta nos minutos iniciais de vida do nosso tão amado e iluminado Gustavo Henrique.

Quer resposta melhor que essa?

Claro que não precisa. A nossa promessa fora cumprida e, agora, nessa caminhada, eu estava ouvindo o pedido de meu coração.

A realização de um sonho! E não de um pedido!

E olha que eu penso que o pagador de promessa a cumpre no primeiro passo, no primeiro carregar da cruz, na primeira ajoelhada na passarela.

Que emoção maravilhosa!

Não acredito que nossa querida e generosa Mãe nos queira em frangalhos, machucados, estropiados ou arrebentados para cumprir sua promessa.

Simplesmente acho, com todo o respeito, que o primeiro objetivo cumprido, primeiro passo dado já satisfaz e enobrece a nossa Mãe.

Cumprir a promessa é saber o limite do seu corpo. Até onde sua dor lhe permite ir. **Que todas as suas imperfeições sejam espelho para aprendizagem neste caminho.**

E o caminho segue. A beleza das primeiras horas da madrugada, a lua quase cheia que desponta entre as nuvens, nos permitindo uma vista linda, porém passageira, nos enche de alegria.

Observo que as duplas vão se formando naturalmente. E, de repente, outra pessoa chega ao seu lado e assim vamos. Sempre de dois em dois.

Que sensação divina ao relembrar que Jesus Cristo em seus primórdios religiosos pedia aos apóstolos que saíssem sempre em dupla para espalharem a boa nova!

A linda notícia! A história mais conhecida e venerada do planeta Terra!

E nós continuamos a caminhar.

Iniciando um assunto que nunca termina (risos). Imitando a vida. A peregrinação como uma grande metáfora da vida. Conhecendo um pouco mais da vida de cada um. Conhecendo o amor e a dor em cada ser.

Que lindo sentir isso!

A peregrinação mostra-me, logo nas primeiras horas, que o autoconhecimento é missão importantíssima nessa tarefa, mas a comunicação com as pessoas que coadunam do mesmo propósito seu tornam-se uma maneira útil e emocionante do caminhar.

Talvez por isso o título deste livro seja tão forte e tão majestoso para mim: **o caminhar da vida em um caminho de fé!**

É exatamente isso que percebo logo no primeiro dia de nossa busca espiritual, ou seja, as experiências de vida, as histórias pessoais, as dores e as alegrias de cada um que está ali no grupo e vai me relatando, me comovem e me conduzem na direção daquilo que quero e vou descrevendo.

O meu livro vai se recheando de histórias que nunca se acabam (risos), repito aqui, mais uma vez. Os relatos que ouço são maravilhosos e cruéis, tal qual o subtítulo dessa obra que se impõe.

Louvados sejam Nosso Senhor Jesus Cristo e Nossa Mãe Aparecida!

Assim mais um quilômetro vai ficando para trás.

E que espetáculo sentir o cheiro único e marcante de eucalipto. As folhas molhadas pelo orvalho da noite exalam um odor magnífico. E quando essas folhas caem então pelo caminho são pisoteadas pela gente e vão amenizando os nossos passos.

Que lindo e cheiroso!

Passo a passo. Um por vez. E assim caminhamos e logo chegamos a mais uma parada técnica de dez minutos. A rodoviária de Caconde é o ponto distante 13 quilômetros da partida.

Cada qual se ajeita como pode. A Barla e sua irmã Melre sentam-se em um banco da praça. O Neno e a Margarete pegam os seus banquinhos e já se acomodam neles. A Débora e o Tello estiram-se no chão. A Elaine fica do lado deles. A Maria Bertolini ajeita-se ali também. O Jairo vai exercitar-se, esticando e alongando os músculos. O Rinaldo e o Valdeci sentam-se em outro banco e comem alguma coisa. Carvalho nem se senta, assim como o Edenilson e o Valdir. Tio Negão, Fernando Souza e Fernando Lima sentam-se no último banco que ainda estava vazio naquele local. José Renato e Orlando sentados mais longe do grupo já querem levantar-se e continuar o trajeto. José Luciano e o Nino estão em pé e conversando sobre os primeiros passos daquela caminhada. O Leandro Xuxa e o Silvão chegam por último e esticam-se no chão duro de asfalto e encostam-se na parede da rodoviária. Enfim, eu fico sentado no chão olhando como marinheiro de primeira viagem.

Os meus músculos já começam a ficar em alerta. O cérebro já acende o sinal vermelho e questiona:

– O que esse cara está fazendo? Já é hora de dormir. Por que ainda está caminhando? Tem algo errado aí!

É assim que o cérebro pensa e alerta o corpo todo. Há algo estranho no ar, mas há, com certeza, muito mais a aprender nesta peregrinação.

**Ah, o aprendizado!**

Ensinar e aprender! Tudo ao mesmo tempo!

O caminhar da vida em um caminho de fé!

E assim continuamos. Mais um passo. Um de cada vez. Passo a passo.

Subimos um trecho íngreme no asfalto duro da cidade até adentrarmos em uma estrada de terra perto do Pesqueiro do Lorca, em Caconde.

A temperatura continua amena, a brisa gostosa a nos embalar. A caminhada segue firme e agora pelo chão batido de terra. O asfalto fica para trás e entramos em uma pequena estrada de terra, bem estreita e com pouco cascalho.

O CAMINHAR DA VIDA EM UM CAMINHO DE FÉ!

Sinto um pouco mais de dificuldade ao caminhar, tendo que me concentrar mais nos possíveis buracos do caminho escuro iluminado pelas lanternas de alguns do grupo.

E por que nem todos estão com lanternas acesas? Como todas são recarregáveis a gente vai alternando o uso delas para que tenhamos um pouco de luz durante todo o trajeto da madrugada.

Por isso, enquanto um pequeno grupo ilumina o chão batido, outro deixa a lanterna descansar para não ficarmos sem iluminação durante o caminho.

As nuvens escondem a lua e as estrelas. Os músculos já sentem o esforço de algo inédito.

Nunca em meus 50 anos completos tinha caminhado tanto. Passamos dos 22 quilômetros e ainda não chegamos à metade do caminhar do dia!

Nosso destino ao final do primeiro dia de caminhada é a tal da "lixeira" em Palmeiral. Um local distante seis quilômetros do ponto onde iremos jantar, tomar banho e dormir: uma quadra de lazer e um barracão semiabandonado da prefeitura.

Esse ponto final na "lixeira" fecha 48 quilômetros de caminhada! Em um dia!

Minha Nossa Senhora!

E assim vamos nós. Vamos caminhando e caminhando, vamos caminhando!

Parece doideira. Mas só quem é peregrino entende tal doidice. E eu estou aprendendo demais e até ouso afirmar:

– Me disseram antes de vir caminhar que eu era louco. Posso afirmar agora: mais louco é quem repete! Meu Deus, vocês passam por tudo isso e ainda repetem no próximo ano? Loucos, cambada de loucos vocês são!

Marli, mais conhecida como Barla, 55 anos de idade em sua segunda peregrinação não para de rir. Acha engraçadíssima essa minha observação e retruca:

– Você vai ver, Henrique, vai contar os dias para a próxima peregrinação. Isso parece um vício. Um bicho que pica a gente e depois você não quer parar de peregrinar nunca mais. Porque **toda caminhada tem como objetivo tornar a gente melhor.** Se você vem em uma peregrinação como essa é para mudar sua vida. Cada ano você retorna melhor, muito melhor do que saiu.

Opa. Opa. Opa. Fico atento às palavras e a todos os ensinamentos de todos. Esse relato da Barla começa com a primeira lição: **a peregrinação como mudança de vida, valorizando o simples.**

A oportunidade de se conhecer melhor. Mergulhar no seu eu interior e voltar os seus olhos para si mesmo e para o simples.

Valorizar o simples, o básico. Que linda lição.

Agora no meio do mato, sem internet, sem celular, sem pouso garantido a noite, sem nada e com tudo!

**A dualidade da vida simples!**

**Sem nada e com tudo!**

Que lindo poder sentir isso: a simplicidade em tudo. Viver com tão pouco, mas com tudo: toda a fé do mundo. Muita, muita fé. A fé no confiar em Deus. Por isso, essa experiência é tão rica. Só o básico para valorizarmos a água potável à nossa disposição. O aconchego de uma cama quentinha. O banheiro na sua limpeza diária. O chinelo onde você repousa os seus pés.

Ah, esses pés!

Esses pés parecem queimar quando nos deparamos com o tal "Morro da Morte". Estou no grupo da frente, enquanto o dia começa a dar sinais de que vai clarear. E assim, vou andando devagar, muito devagar e ficando para trás.

Olho para a frente e lá se vão os meus amigos do primeiro grupo onde frequentei até há pouco. O pelotão do meio, o grupo maior de peregrinos vai me ultrapassando com a maior facilidade, acabo ficando para trás e com muito medo.

Meu primeiro medo desde o início da caminhada: será que vou desistir, mesmo, já no primeiro dia? Quantas e quantas pessoas me disseram isso, "você é louco", "não vai passar do primeiro dia", "vai atrapalhar os outros do grupo". Essas frases agora não saem da minha mente. São fantasmas que me atordoam!

Será, realmente, que não vou conseguir trilhar o primeiro dia e já desistir? Será que não vou ultrapassar esse bendito morro?

Meu Deus e Minha Nossa Senhora!

Olho para trás, e os últimos que lá atrás se encontravam já estão muito perto de mim.

Aos poucos, fui ultrapassado por quase todos do nosso grupo. E agora? As pernas trêmulas. As mãos suando. O mesmo suor que escorre pelo rosto. Um rosto avermelhado pelo esforço extremo daquele caminhar que parece não ter fim.

Mas, de repente, ao final de uma curva de chão batido, de terra vermelha como sangue, me deparo com os outros peregrinos já sentados, deitados e descansando.

Olho na feição de cada um daquele grupo e me sinto um pouco aliviado. Todos, sem exceção, estão exaustos, cansados, moídos, destruídos.

Me sinto igual, mas com uma emoção muito diferente agora.

O Sílvio Araújo, líder e um dos fundadores do grupo PPNSA, com 56 anos em sua oitava peregrinação me arrasta por mais um caminho, 100, 150 metros acima numa trilha estreitinha de terra e cascalho. Cercas muito bem-feitas em ambos os lados e, de repente, chegamos ao local mais alto daquele pedaço de chão.

Se o morro que subimos já tinha uma linda visão, agora ao final daquele cume a imagem panorâmica que se descortina à minha frente é maravilhosa, magistral, divinal.

A represa azulada entrecortando o verde das matas, formando uma silhueta fantástica, culminando no azul mais celeste que já vi na minha vida, ainda me enche de emoção e faz eu me arrepiar de novo.

Meu choro foi comovente nesse momento vendo lá de cima o caminho íngreme por onde passamos. Terra de chão batido amortecendo nossos passos. Foram mais de 33 quilômetros em pouco menos de nove horas de caminhada.

Um choro de dor. De emoção. De alívio. De dever cumprido, apesar das fortes dores no meu corpo todo.

Aquela cena, aquela imagem da represa do mais alto ponto daquele morro onde estávamos, me devolve o ânimo para caminhar mais e chegar ao nosso destino do primeiro dia.

Ainda consigo descrever perfeitamente outra cena que me chamou a atenção, e passo a relatar neste livro que mais parece um manual de peregrinação.

No meio do nada, naquele vazio descomunal, observo uma casa simples, uma morada cor-de-rosa com uma janela marrom voltada para o lado onde estávamos.

Que sensação estranha, confesso aqui: como são loucos esses moradores perdidos no meio do nada!

Mas, ao mesmo tempo, mudo a óptica da observação e penso: como são felizes esses moradores perto de tudo!

**O mistério da dualidade!**

**Longe da civilização e da modernidade. Perto de Deus e de Nossa Senhora. Plenos de fé e repletos de amor à natureza. Vida simples, mas esplendorosa. Cheia de riqueza e de oração.**

E a oração se faz presente em nosso grupo. Já revigorados da subida íngreme, iniciamos ali mesmo, na descida, antes das 7h da manhã o terço que nos guia.

Cinco mistérios são apresentados ao Pai/ Mãe e Nossa Senhora. As graças são solicitadas, as bênçãos pedidas, e lá vamos nós, nos alimentando de fé e esperança.

Por falar em alimentos, o ônibus da Romatur, empresa de meu grande amigo Rogério, e um gol cinza nos ultrapassam e param logo à frente na beira de um canavial para o nosso primeiro café da caminhada.

Ah, meu Deus, que maravilha, o primeiro café da manhã!

Ainda sob cerração forte, à beira da estrada de terra, a mesa é posta e pães são servidos à vontade.

Tem pão francês. Tem pão caseiro. Presunto. Muçarela. Requeijão. Mortadela. Leite. Café. Suco de laranja. Biscoitos. Bolachas. E um pão de torresmo muito bom.

Muito bom!

Todos ajeitam-se como podem. Alguns sentam-se à beira da estrada. Outros sentam-se na beirada do ônibus. Um outro achega-se na escadaria e assim todos alimentam-se e renovam-se no intuito de caminhar.

Faltam ainda mais de catorze quilômetros para a chegada ao ponto final do dia, para dali de ônibus irmos ao local do nosso pouso. Todos, sem exceção, estamos cansados, mas ao mesmo tempo hiper, mega animados para essa nova etapa.

A dualidade de novo!

Confesso que apesar das fortes dores que sinto no meu corpo, estou empolgadíssimo para mais um tanto bom de passos para aquele dia.

E assim voltamos a caminhar.

Uma descida maravilhosa na estrada de terra, de chão batido. Graças a Deus havia pouco ou quase nada de poeira naquele trecho belíssimo.

De repente, mais um morro surge. E assim vamos nós. Caminhando. Rezando. Conversando. Aprendendo. Ensinando. Tal qual o nosso dia deve ser.

Aprendizado mútuo.

Passamos por um trecho bem singular, por dentro de uma fazenda à beira de um riacho muito bonito e calmo.

Vários bois e vacas param de se alimentar e ficam a nos observar. Somos 24 peregrinos adentrando em um hábitat que não é nosso (risos).

Somos intrusos e, dessa forma, somos devidamente vigiados. A ponto de eu esquecer do caminho e pisar direto em uma poça d'água formada em uma ponte.

Pior foi o Tio Negão, apelido antigo do nosso amigão Paulo Cesar, 38 anos, em sua segunda experiência como peregrino.

Também não conseguiu desviar de uma poça d'água e pisou com a sola de seu tênis, par direito, descolou-se por inteiro. Mas não teve problema, não. Amarrou o seu tênis com o próprio cadarço e seguiu o caminho.

No ônibus, mais à frente, poderia pegar seu tênis reserva e aí, sim, continuar com mais conforto.

**São as dificuldades do caminho e suas consequências imprevisíveis. Assim como as nossas vidas!**

Passamos por mais uma porteira, uma pinguela e lá chegamos nós, na entrada de Palmeiral, antes das dez horas da manhã.

Mais dez minutos de descanso, Tio Negão trocou o tênis e seguimos rumo ao centro da cidade, para pedirmos a bênção na Gruta de Santa Rita.

Aliás, por coincidência, chegamos a essa gruta às 10h10 da manhã. Exatamente 12 horas depois que saímos da Igreja Matriz de Nossa Senhora em Tapiratiba.

Os meus músculos estão trêmulos. Minhas pernas parecem pesar mais do que de costume. O suor escorre pelo rosto avermelhado de tanto esforço.

Mas, por incrível que pareça, estou imensamente feliz. Nunca em minha vida caminhei tanto!

Já foram 41 até aqui na Gruta nestas 12 horas de caminhada. Ainda falta um quilômetro para o trevo no final da cidade e mais seis quilômetros até a famosa "lixeira", no alto de uma estrada de asfalto com faixa estreita de acostamento.

Meu Deus, estou prestes a cumprir a primeira etapa. E isso me incentiva e faz seguir com o primeiro grupo logo na saída da Gruta.

Andamos mais um quilômetro pelo centro da cidade e paramos no trevo final esperando o restante do grupo para seguirmos viagem a pé.

Logo quando recomeçamos – eu estava ao lado do "jovem" decano do grupo de caminhada o sr. Orlando, 67 anos, em sua 11ª peregrinação, com certeza o mais animado, mais rápido e ágil do grupo –, um carro passou devagar e parecia conhecer alguém dos nossos.

Mais adiante esse carro estava parado no acostamento e dele saiu uma senhora que veio em nossa direção com uma rosa vermelha na mão direita.

E assim essa senhora nos questionou:

– Olá, boa tarde. Por acaso tem alguma Maria no grupo de vocês?

Ao que o sr. Orlando respondeu de pronto:

– Boa tarde. Tem sim. Três Marias!

O quê?

**Três Marias?**

Comecei a buscar na memória quais seriam: Maria Elisa, Maria Margareth e Maria Bertolini!

Meu Deus!

**São três mesmo! E eu falando da Santíssima Trindade!**

**Que coincidência! E eu ainda não havia notado.**

Então, logo em seguida apareceu a primeira Maria do grupo: Bertolini, que acabou ganhando a rosa daquela senhora.

Mais um incentivo para subirmos aquele morro íngreme de asfalto quente e estreito.

Passos largos e firmes para chegarmos até o ponto final daquele primeiro dia!

Sob o sol escaldante das dez, 11 horas, nos deparamos, enfim com a curva que nos levaria à tal "lixeira".

Às 11h15 da manhã do dia 15 de outubro de 2021 chegamos ao final do primeiro dia dos oito programados para a peregrinação.

Confesso aqui que estava um caco. Destruído fisicamente. Totalmente cansado. Mas incrivelmente feliz e orgulhoso.

Consegui!

Conseguimos!

O grupo todo cumpriu brilhantemente o seu papel: **caminhamos 48 quilômetros em 13 horas e cinco minutos.**

Que sensação maravilhosa e cruel ao mesmo tempo. As dores são muitas. Tenho que tomar remédio. Relaxante muscular. Mas o desafio cumprido me deixa, de novo, feliz e orgulhoso.

O ônibus já estava à nossa espera. O motorista Rodrigo, 32 anos, em sua segunda experiência conduzindo um grupo de peregrinos, estacionou o veículo em uma sombra e esperou todos os 24 caminhantes entrarem no ônibus para, enfim, partirmos para o nosso local de refeições e pouso.

O almoço já estava pronto quando chegamos ao ginásio de esportes da cidade de Palmeiral. O menu era arroz, feijão, saladas variadas e frango caipira.

Uma delícia a comida do sr. Joãozinho, auxiliado pelo chef Henrique. Porém, antes, tive que tomar um banho. Não estava aguentando mais de tanto suor. E que chuveiro bom aquele! Um alívio a água quentinha escorrendo pelo corpo surrado e destruído pelos 48 quilômetros de caminhada!

E amanhã tem mais!

Mas calma, tudo a seu tempo. Agora é hora de nos alimentarmos. E que comida boa!

Assim que almoçamos, caiu uma chuva torrencial. E ainda nem havíamos tirado as nossas coisas do ônibus. Esperamos mais alguns minutos e a chuva deu uma trégua.

Conseguimos retirar nossos apetrechos e colocar tudo no salão ao lado do ginásio de esportes. Era um barracão bem sujo, semiabandonado e com teto frágil. Madeiras bem podres, quase caindo.

Mas o cansaço era tanto que nos ajeitamos ali mesmo.

Coloquei o meu saco de dormir ao lado do colchão do Valdeci e assim descansei um pouco. Mandei mensagens curtas pelo zap para acalmar a Daisy e o Gustavo. Disse apenas que estava tudo bem e que havia cumprido a primeira etapa.

Dali a pouco, por volta das cinco horas da tarde foi anunciado que o jantar estava pronto. Peixe frito estava no cardápio do dia. Olha que beleza!

Antes, porém, rezamos o terço da misericórdia em grupo. E assim agradecemos por aquele dia maravilhoso.

O primeiro de um total de oito!

O dia em que aprendi **a peregrinação como mudança de vida, valorizando o simples.** Tal qual aconteceu com aquele ateu em cima do cavalo no milagre à porta da Igreja de Nossa Senhora. As patas cravadas na pedra em sinal de transformação de vida ainda guardam o simbolismo e a prova dessa primeira lição.

Ave Maria!

# MILAGRE 2

## A MATERNIDADE DA PRINCESA

*A princesa Isabel e seu marido conde D'Eu não tinham filhos e, em uma viagem passando por Aparecida, solicitaram a graça à Nossa Senhora acreditando nos milagres que surgiam pela sua intercessão e em seu grande poder. Que poder! Tiveram três filhos. A coroa que hoje está na cabeça da imagem foi feita com o ouro doado pela própria princesa Isabel, fruto de uma graça alcançada. O manto também foi presente do casal que se tornou defensor ferrenho dos milagres de Nossa Senhora Aparecida. E mais graças eles puderam vivenciar.*

# SEGUNDO DIA
## 16 DE OUTUBRO DE 2021
## PALMEIRAL – CALDAS

A primeira noite de descanso da peregrinação vai chegando ao fim. Confesso que estou tão cansado que desmaiei no saco de dormir que trouxe como aliado para repousar durante as noites do caminho.

Nem sei se foi bom ou ruim dormir assim. Nem que horas eu "apaguei". Talvez sete, oito horas da noite.

Posso garantir que foi uma sensação misteriosa, mesclada entre o **desmaiar de vez e o acabei de dormir e já ter que levantar de novo.**

Só sei que é muito diferente do conforto do quarto. Do dormir tranquilo, às vezes preguiçoso, ao som do ar-condicionado na temperatura de 21 graus.

Que nada!

Ali era temperatura ambiente, colchões no chão duro de concreto de um barracão semiabandonado, perto da quadra de esportes onde jantamos em Palmeiral.

Cada qual se ajeitava como podia. Alguns levaram colchões mais grossos, outros colchões mais finos, alguns colchonetes de inflar, e eu saco de dormir com um cobertor de microfibra enrolado para diminuir o frio daquela noite chuvosa.

E olha que foi muita chuva mesmo!

Uma chuva torrencial caiu por volta da 1h da manhã, alagando todo aquele barracão de teto de zinco, que não aguentava as gotas fortes da chuva que caía.

Vários colchões foram molhados. Acordamos antes da hora marcada, que seria 2h da madrugada. Nos ajeitamos às pressas, colocamos nossa bagagem de volta nos bancos do ônibus e, já com as devidas capas, nos reunimos para a primeira oração do segundo dia.

Fizemos um círculo com a imagem de Nossa Senhora no meio em cima de uma cadeira e, em pé, rezamos a oração do segundo dia. Rinaldo era o orador oficial. O texto havia sido preparado antes com muito zelo e cuidado pela Viviane, filha do Sílvio Araújo. Cada "acordar" um envelope. Cada dia um desafio. Cada oração uma palavra de ordem. Cada momento ali reunido transmitia uma paz jamais sentida.

Aquele momento era o primeiro de muitos outros em que viria a sentir, com certeza, a presença de Deus e Nossa Senhora entre nós!

Foi extremamente marcante!

Me arrepio de novo ao lembrar daquele momento lindo. Pessoas simples, com as emoções à flor da pele. O corpo surrado por um dia extasiante. Algumas bolhas teimando em aparecer já. Sinais de cansaço e de muita superação no primeiro dia. E nós ali, agradecendo a primeira etapa vencida.

O primeiro desafio cumprido.

A meta alcançada.

**O corpo surrado, mas a fé restabelecida em seu mais puro estado.** Foi também a primeira vez que vi o ajoelhar do Jairo Remédio, o nosso massagista de plantão, em frente à imagem de Nossa Senhora!

Que cena!

Aquele senhor de 60 anos, em sua 18ª peregrinação ajoelhado agradecendo por alguma razão que eu ainda não tenho ideia, fez-me chorar de novo.

Um choro de emoção. Um choro de agradecimento. Que maravilha poder estar aqui, agora, compartilhando esse momento divino.

E assim, ao final das orações e despedidas daquele local que nos serviu de abrigo, Maria Bertolini coloca a imagem da Santa no colo e a leva para o início de nossa segunda caminhada.

Outro momento de emoção, tenho que confessar aqui.

Nossa estimada e calada amiga Maria Bertolini tem 62 anos e está em sua terceira peregrinação. Esforçada ao máximo, detentora de uma bondade extrema, esse exemplo de mulher e mãe dedicada me traz à lembrança seu filho. Ou melhor, um anjo que passou por aqui.

Que explicação outra eu teria em tentar descrever a luta diária de anos a fio numa cadeira de rodas sem nem sequer se mover? Seu filho recebia de outrem comida pela boca todos os dias. E ela estava ali, ao lado dele sempre. Toda sorridente. Toda feliz!

Como não me lembrar da estupenda e fantástica obra em mármore de carrara do gênio Michelangelo, a *Pietà*, onde Maria coloca o seu filho estirado em seus braços. Uma cena magistral. Quantas e quantas vezes eu revi essa cena em Tapiratiba, na rua Carino Gama Correia.

Meu Deus!

E é essa mãe que leva a imagem da Nossa Mãe na segunda madrugada de caminhada. A mesma imagem com a coroa doada pela princesa Isabel, que também alcançou a graça de ser mãe, como elucido no início deste capítulo.

Que emoção maravilhosa eu sinto de novo ao escrever essas singelas linhas.

A chuva abrandou e lá vamos nós para a famosa "lixeira" em Palmeiral retomar a caminhada.

O ônibus nos deixou ali às 3h10 da madrugada.

Começamos por um trecho de terra batida, entre árvores e trilhas molhadas pela chuva abençoada. Era minha primeira experiência como peregrino e já experimento o caminhar na chuva. No barro escorregadio daquela estrada.

Subidas. Descidas. Curvas. Retas. Enfim, este é o nosso caminho. A metáfora da vida sentida passo a passo. Um por vez.

E assim nós vamos até a pintura fantástica de Deus que vai modificando a cor no céu escuro. Aquele negro da escuridão noturna vai se transformando em cinza nublado do dia que teima em querer aparecer. São 5h da manhã e já caminhamos mais seis quilômetros até chegarmos à beira da estrada de asfalto. Andamos mais uma hora e meia e paramos para o segundo café da manhã de nossa peregrinação.

O ônibus estava em um ponto específico do trevo que leva até Bandeira do Sul. O ponto de ônibus vazio e quase abandonado nos serviu de apoio para deixarmos ali, montada, a mesa farta do café. Eram 6h40 da manhã.

Que experiência iluminada!

Os pães caseiros do dia anterior, os pães de forma recheados com margarina, muçarela, presunto, mortadela e requeijão em bisnaga faziam a festa e acalmavam a fome daqueles 24 peregrinos e os três amigos do apoio.

O café quentinho era um bálsamo para o corpo surrado, mesclado de suor e água de chuva. Os pés cheios de lama e as capas de chuva expostas ao sol que entre as nuvens começava a aparecer naquele pedaço querido de chão de asfalto.

Os ânimos redobram, e lá vamos nós de novo para o asfalto enfrentar mais uma batalha até o almoço em Santana, distrito de Caldas.

Passamos a manhã toda andando felizes, com uma temperatura amena, conversas animadas, longos trechos de asfalto e, de repente, voltamos ao chão batido de terra.

São imensas descidas. Doloridas subidas. Morros estressantes. Paisagens maravilhosas. E as pernas doendo mais e mais.

Rinaldo Rino, cacondense nascido na Barrânia, distrito, com 55 anos, em sua terceira peregrinação, chega ao meu lado e reclama de dores no joelho:

– Oh, meu caro, estou com muitas dores nesse joelho velho de guerra. Acho que não vou aguentar chegar até Santana a pé, não. Se tivesse um táxi aqui eu iria!

Começamos a rir, porque naquele pedaço de chão batido, estrada de terra estreita, sem nenhuma casa à vista, querer um carro seria muito luxo (risos).

Muito luxo, não é mesmo?

Por incrível que pareça, não é que Nossa Senhora colocou à prova a motivação de Rinaldo?

Quando paramos em uma pequenina encruzilhada para o descanso de dez minutos, parada técnica como gostamos de falar, não é que aparece um táxi!

Verdade absoluta!

Se eu não tivesse ouvido o que o Rinaldo tinha falado havia pouco, eu não teria acreditado. Imagine se naquele local iria aparecer um táxi!

E apareceu!

Olhei bem para o Rinaldo e ele abaixou os olhos, em sinal de prece. Agradeceu muito, mas não quis parar aquele veículo dirigido por um senhor de óculos.

– Eu vou continuar a pé! – foi o que ele me disse e se calou.

Nesse momento, deixo aqui registrada a segunda lição desse caminho de fé: aprendi **a peregrinação como suporte à dor, ao sofrimento, e, ainda assim, agradecido pelas graças alcançadas**. Rinaldo estava muito cansado, é verdade, mas as bênçãos de ter pernas para sustentar e joelhos fortes para se manter em pé são maiores que as dores.

E assim ele seguiu.

Tal qual a vida da Maria Bertolini também seguiu.

A peregrinação como metáfora da vida, mais uma vez!

E assim continuamos a caminhar devagar e logo estávamos chegando ao distrito de Santana, em frente ao campo de futebol.

O ônibus já estava estacionado lá e as pizzas que o Rinaldo havia levado estavam em um isopor à espera do caldeirão que iria esquentá-las.

Que maravilha de almoço! Pizzas de calabresa, de quatro queijos e marguerita. Que privilégio, hein! Peregrinação com pizzas da melhor qualidade!

Após um breve descanso, partimos de novo rumo ao nosso pouso em Caldas. Subimos um morro interminável. As pernas em frangalhos. O sol ardendo sob nossos corpos. E lá vamos nós. Nesse trecho, a imagem de Nossa Senhora seguiu comigo. Fui eu o responsável em carregar no peito o amor incondicional em forma de estátua.

Ah, meu Deus, que emoção ao relembrar esse trecho árduo, íngreme, de chão batido, mas muito iluminado. Rezo várias vezes a Ave-Maria e o Pai-Nosso em silêncio, e chego ao topo do morro mais longínquo que subi na vida. A pé. A carregar nos meus ombros minha Mãe Querida e toda a fé, esperança e amor que essa peregrinação está me dando.

Chegamos ao Mosteiro de Caldas às 4h30 da tarde, após a **caminhada de 46 quilômetros em 13 horas e 20 minutos. Agora já alcançamos 94 quilômetros de andança!**

Frei Fabiano estava lá e nos deu sua bênção. Em retribuição, ele ganhou uma camiseta do nosso grupo de peregrinação. Nos ajeitamos no chão, cada qual com seu colchão e eu no meu saco de dormir. Tomamos banho. Fizemos o nosso terço na área verde daquele belo mosteiro e fomos jantar arroz, feijão, linguiça e salada de alface para, em seguida, podermos descansar e dormir mais um pouco.

Chegamos ao final de mais um dia.

O segundo de um total de oito!

O dia em que aprendi **a peregrinação como suporte à dor, ao sofrimento, e, ainda assim, agradecido pelas graças alcançadas**. Tal qual aconteceu com a maternidade da princesa Isabel. A sensação de agradecimento é ainda maior que a graça alcançada no milagre de Nossa Senhora.

Ave Maria!

# MILAGRE 3

## A ABUNDÂNCIA DOS PEIXES NO RIO

*Os pescadores João Alves, Felipe Pedroso e Domingos Garcia receberam uma encomenda grande de peixes para saciarem a fome de uma comitiva importante que estava passando por ali, em meados de outubro de 1717. No entanto, eles nada conseguiam. Os peixes pareciam ter sumido. Passaram dias em vão. Quilômetros foram percorridos no rio Paraíba do Sul e nada de peixe. De repente, após acharem a imagem da santa, a abundância foi milagrosa. Peixes e mais peixes saltavam de suas redes, e eles, enfim, puderam cumprir o prometido. Milagre!*

# TERCEIRO DIA
## 17 DE OUTUBRO DE 2021
## CALDAS – CONGONHAL

A segunda noite de descanso da peregrinação chega ao final. São 2h e o despertador já anuncia a hora de arrumarmos as malas de novo.

Ajeitamos tudo. Trocamos de roupa. Guardamos nossos pertences no ônibus. Fizemos a oração do dia ao redor da mesa comprida de madeira maciça na cozinha e nos despedimos daquele mosteiro sagrado para iniciar o terceiro dia de caminhada.

O ônibus nos deixou no trevo de Caldas onde havíamos terminado a caminhada no dia anterior às 3h02 e lá fomos nós no chão de asfalto rumo a Ipuiúna.

Andamos animados naquela madrugada e, por coincidência, nossa segunda parada técnica, distante oito quilômetros e meio do local de partida se deu às 5h02 minutos! Exatamente duas horas após o início da peregrinação naquele dia.

**Coincidência? Será? Bom, sei lá! Mais uma para a nossa coleção de coincidências rs.**

Foi exatamente nessa parada, encostados na guia, sarjeta, meio-fio de um acostamento estreito na rodovia que os peregrinos todos souberam que eu estava escrevendo um livro. Um manual do peregrino.

Valter Carvalho, rio-pardense de 52 anos, em sua 15ª caminhada ficou tão eufórico com a notícia que tropeçou no meu cajado que estava estirado no meio-fio. Veio perguntar qual era o motivo de estar escrevendo e retratando essa aventura.

**– A peregrinação sempre foi um sonho para mim**. E é tão importante esta minha primeira experiência que resolvi deixar registrada para todo mundo saber a **maravilha de uma caminhada** como esta – respondi. Só não sabia que também teria muita dor!

E ele respondeu com toda a calma e tranquilidade peculiares de sua personalidade:

**– Chega a ser cruel, mas vale muito a pena!**

Recomeçamos nossa caminhada, e eu sinto exatamente a crueldade que o Carvalho me disse há pouco. Vamos tomar café na imagem de Santa Rita de Caldas, distante 200 metros do trevo pelo qual passaríamos rumo a Ipuiúna.

Minha perna esquerda está dolorida demais. Minha canela está inchada. Andei aqueles sete quilômetros e meio, após a parada técnica, pisando em brasa e às 7h da manhã chegamos ao local planejado para o café e para o terço do dia.

Quase não aguentando, Jairo me deu um remédio, passou pomada e spray na minha perna e ainda fez massagem no local. Dois outros peregrinos receberam massagem também. Meu nervo estava muito estirado e a dor incessante diminuiu um pouco, agradeci a Santa Rita e solicitei seu auxílio para enfrentar a próxima etapa.

Tomamos café e rezamos o terço ali mesmo naquele local sagrado, e assim ganhei incentivo e forças suficientes para enfrentar mais uma batalha.

Voltamos a caminhar naquele asfalto duro e seco. O sol estava bem forte. Minha dor tinha amenizado um pouco, e lá estava eu no meio daquele grupo de peregrinos. Fizemos um almoço mais leve nesse dia para enfrentar com mais agilidade o trecho dentro da cidade de Ipuiúna e o morro íngreme de asfalto rumo a Congonhal. Comemos lanche de pernil com queijo prato e vinagrete para ganhar tempo até a chegada ao trevo de Senador José Bento, nosso destino final do dia.

E assim fomos caminhando e passamos pelo centro de Ipuiúna. Uma festa. Que alegria estampada no rosto das pessoas a nos cumprimentar e desejar boa viagem.

Ouvimos frases de toda ordem:

– Que Nossa Senhora os ilumine!

– Que Nossa Mãe os proteja e os guarde sempre!

– Rezem por mim e minha família: Irene Domingues!

– Levem esse dinheiro para colocar no altar de Nossa Senhora!

E assim ganhamos mais e mais bênçãos neste caminho. Quase não aguentando de dor, novamente, compro um refrigerante zero açúcar – por causa da minha diabetes tipo 2 – e alcanço mais alguns quilômetros na companhia da Barla, do Valdir e do Fernando Souza.

Valdir, 58 anos, está em sua terceira peregrinação e Fernando Souza, 39 anos é calouro como eu. Está em sua primeira experiência e traz consigo um apelo muito forte de ajuda à sua mãe, que irá em breve passar por uma cirurgia delicada. E ele vem agradecer e pedir à Mãe Aparecida amparo para esse momento.

**Mas, agora, o nosso momento é passar pelo centro da cidade de Ipuiúna juntos. São lojas. Restaurantes. Bares.**

<u>Ah, esses bares da vida!</u>

Quantas lições!

Quantos aprendizados!

Quando menos se espera, a vida simples nos estapeia de tal forma que chego a ficar tonto, literalmente!

Mas a história do bar de Ipuiúna vai ficar para um próximo capítulo porque agora a chuva aperta. Subimos aquele morro de asfalto duro mais rápido do que em qualquer ano, segundo os mais antigos peregrinos.

Era tanta chuva que parecia uma cachoeira no meio-fio do acostamento por onde andávamos. Que cena surreal. Parecíamos crianças a brincar na enxurrada. E assim, vencemos mais uma etapa e às 16h07 chegamos ao trevo de Senador José Bento, já sem chuva, e um dia lindo, aberto de sol se fez de novo.

**Andamos 44 quilômetros em 13 horas e cinco minutos naquele terceiro dia. Agora já acumulamos 138 quilômetros.**

Quem diria! Eu junto! Superando-me! A dor é dilacerante. Minha canela esquerda está em brasa, mas eu estou radiante, feliz e eufórico quando avisto o ônibus à nossa espera.

Confesso que cheguei muito, muito cansado, muito destruído ao Restaurante do Evandro, às margens da rodovia que liga Senador José Bento a Congonhal. Chegamos um pouco mais cedo que o planejado e combinado com o simpático, extremamente alegre e "cideiro" como nós, Evandro. Por isso, no restaurante ainda havia algumas pessoas dentro.

Era um domingo festivo, ensolarado, em Congonhal. E nós queríamos colocar os colchões na varanda espaçosa daquele local, mas ficamos envergonhados em um primeiro momento, pois não pretendíamos atrapalhar os clientes.

Evandro conversou com as pessoas que lá estavam ainda após o almoço já servido e encerrado e nós, finalmente, pudemos estender nossos colchões e sacos de dormir no chão.

Um garoto de uns cinco anos de idade, de nome Artur, da cidade de Andradas estava lá, se divertindo nos brinquedos do lado de fora do restaurante, e quando me viu puxou assunto na hora. Ficamos conversando, brincando, dando risada e ele não largava de mim.

– Vamos, Tui, os moços estão cansados e querem descansar. Vamos embora! – Disse a mãe.

E ele nem deu ouvidos!

Mais tarde, foi a vez do pai chamar o menino. Nada de novo! Ele queria ficar ali com os novos amigos!

Me lembrei na hora do Gustavo, meu filho amado, iluminado e querido! Como é maravilhoso ser pai! Que orgulho eu sinto! Chego a derramar lágrimas de saudade do meu filho Gustavão!

E aprendo ali, naquele momento, a terceira lição: **a peregrinação como sustentáculo na fé, na alegria e no amor!**

A fé que nos sustenta, nos alimenta, nos incentiva a viver com alegria e com amor. Aqueles momentos de alegria e saudade, de riso e choro me trazem à realidade e me ensinam, mais uma vez, que a peregrinação é a grande metáfora da vida, que deve ser preenchida com muita fé, alegria e amor.

Ah, o amor!

E como o amor estava escancarado na comida servida à noitinha no restaurante do Evandro. Um self-service para ninguém botar defeito: arroz, feijão, tutu, saladas variadas, maionese, vaca atolada, carne de porco e frango assado. Uma fartura só.

E assim terminamos o terceiro dia da caminhada, agradecidos e rezando o terço. O dia em que aprendi **a peregrinação como sustentáculo na fé, na alegria e no amor**. Tal qual aconteceu com os pescadores no rio Paraíba do Sul, que jamais perderam a fé, a alegria e o amor para encherem suas redes com aqueles peixes que serviriam de alimentos para o corpo e a alma, porque mais um milagre de Nossa Mãe eles constataram em outubro de 1717.

Ave Maria!

# MILAGRE 4

## AS CORRENTES DO ESCRAVO ZACARIAS

*Zacarias era um escravo que, em meados do século XIX, fugiu da casa do seu senhor em Curitiba (PR). Refugiado no Vale do Paraíba (SP), foi capturado por um capitão do mato. Ao passar por Aparecida, o escravo pediu para entrar na Capela. O capitão do mato zombou dele, mas mesmo assim autorizou. Ao pedir a proteção de Nossa Senhora e levantar os braços em sinal de devoção, as correntes que prendiam o escravo se quebraram e caíram no chão. O senhor do escravo, então, lhe concedeu alforria e Zacarias permanece na Capela prestando serviços. Mais um milagre!*

# QUARTO DIA
## 18 DE OUTUBRO DE 2021
## CONGONHAL – POUSO ALEGRE

Esse quarto dia me trouxe uma lição formidável. O todo--poderoso, o invencível, o sabichão teve que se debruçar e voltar ao ônibus. Tive que me ajoelhar, literalmente, e rever a estratégia para continuar.

Saímos do restaurante do Evandro, onde foi o nosso pouso em Congonhal, às 3h da madrugada. O ônibus, mais uma vez, estava com o motor ligado na hora marcada e lá embarcamos para mais uma jornada da peregrinação, que vai chegando à sua metade.

Voltamos ao ponto de chegada do dia anterior, trevo da entrada de Senador José Bento, e às 3h15 iniciamos nosso quarto dia de caminhada.

Como sempre, o senhor Orlando, o decano do grupo de 67 anos de idade, deslanchou logo à frente e foi ditando o ritmo acelerado das primeiras horas.

Todos os dias foram assim!

A animação das primeiras horas fazia "render" o dia e assim não sairíamos muito dos horários prefixados anteriormente.

O tempo estava maravilhoso. Temperatura amena. Uma brisa gostosa a acariciar as nossas faces. As estrelas pareciam felizes nos observando à distância.

A lua agora cheia, enorme, brilhava tranquila e lindamente no horizonte e, assim, fomos nós em mais uma harmoniosa caminhada na madrugada.

Ainda me lembro da sensação agradável da brisa da noite a nos acariciar. Que maravilha a percepção da presença de Deus e Nossa Senhora como protetores nesta peregrinação.

Minha dupla inicial, meu parceiro na companhia da noite foi o Valdeci Serra, 58 anos, em sua segunda peregrinação. Uma pessoa extraordinária. Um exemplo de superação. Um referencial para a minha vida e de tantos que conhecerão esse feito que passo a relatar.

Valdeci sempre teve um sonho: realizar um caminho de fé com as próprias pernas e chegar a pé em Aparecida.

Ano passado encontrou-se casualmente com o nosso querido e estimado chef pizzaiolo Rinaldo Rino, que comentou com ele que estava se preparando para uma caminhada à Igreja de Nossa Senhora das Cabeças, localizada na cidade de Muzambinho, estado de Minas Gerais.

– Essa caminhada é uma prévia da nossa peregrinação a pé para a Aparecida – completou Rinaldo.

Valdeci se interessou muito e perguntou:

– Que data vai ser essa caminhada? Posso ir?

Rinaldo confirmou o dia e o horário, e lá estava Valdeci pronto para a caminhada até a Igreja de Nossa Senhora das Cabeças, distante 46 quilômetros de Tapiratiba, local da saída.

No entanto, sem se preparar para esse propósito, quase foi vetado pelo seu fisioterapeuta.

Aliás, vetado foi! Até pela própria esposa, que não queria que ele fosse, pois ele estava dias antes em tratamento fisioterápico e com muitas dores nas pernas.

Valdeci, desobediente, insistiu e foi nessa peregrinação em agosto de 2020, em plena pandemia do coronavírus.

Um show! Uma vitória inesquecível!

Valdeci não sentiu nenhuma dor, nenhum desconforto naqueles 46 quilômetros percorridos em um dia.

Que resposta de Nossa Senhora!

– Pronto! Estou pronto e vou tranquilamente até Aparecida! – exclamou em alto e bom som à sua esposa.

Pai de cinco filhos, porte atlético por arbitrar e bandeirar jogos mil pela região, Valdeci estava tranquilo, confiante e convicto da realização de seu sonho.

Se juntou ao grupo novo que estava se formando, PPNSA, e, em outubro de 2020, lá estava ele junto com mais 23 peregrinos para dar início ao tão sonhado momento.

Porém, logo no segundo dia da peregrinação, seu sonho começa a virar pesadelo. Ah, não! A mais temida ameaça surge: primeira bolha de sangue no seu pé direito.

Mas ele não arreda! Não desiste!

Urra de dor todas as vezes que suas bolhas são furadas com agulhas e tem todo o sangue sugado, espremido, retirado de sua pele cortada pela dor e pelo desespero.

Várias faixas, esparadrapos, linhas, pomadas são usados para amenizar aquela dor dilacerante.

Ouvi testemunhos dos que viram essas cenas: "Será impossível caminhar assim!". Todos me falaram. Todos relataram a mesma dor sentida. A pele cortada. A bolha dentro da bolha. A dor quase insuportável. O rasgo de sangue a querer impedir a realização daquele sonho.

Valdeci pensou várias e várias vezes em desistir. Como sofreu com isso, como chorou por isso!

No entanto, em um sábado mágico de outubro de 2020, às portas da Basílica de Nossa Senhora Aparecida, por volta das nove e meia da manhã, o inigualável José Luciano, um líder extremamente solidário, generoso e gentil, solicitou a todos daquele grupo recém-criado PPNSA que esperassem um pouco.

Todos obedeceram, e eis que surge, para liderar aqueles que passariam aos pés da Santa, Valdeci Serra, com os pés todos enfaixados, com o suor escorrendo pelo rosto, com a feição de dor estampada em sua face, mas com uma energia fantástica. Uma luz radiante!

Que emoção eu sinto apenas relatando esse momento. Choro copiosamente como todos aqueles peregrinos passando à frente da imagem de Nossa Querida Mãe Aparecida.

E Valdeci estava lá. Em prantos. Aprendendo mais uma lição: **só e somente pela fé se realiza esse sonho de peregrinação!**

Por mais que pensasse estar 100% bem fisicamente, Nossa Senhora mostrou que um obstáculo pode surgir a qualquer momento.

E foi exatamente um obstáculo físico que me impediu de caminhar até o local do almoço regado a frango caipira deste nosso quarto dia de peregrinação.

Saímos às 3h15 e paramos para tomar café à beira do restaurante do Rubens às margens da rodovia, um pouco depois das 6h da manhã.

Havíamos percorrido quase 15 quilômetros em um ritmo alucinante no asfalto seco e duro, no acostamento às vezes bem estreito da estrada.

Que sensação maravilhosa quando os carros passam pela gente e buzinam, acenam em sinal de reconhecimento ao nosso esforço. Se cada motorista soubesse do incentivo que esse simples gesto proporciona, todos, sem exceção, o fariam sempre.

Já havia clareado o dia, com nuvens cobrindo o sol, fazendo com que a temperatura permanecesse amena e fresca. Ideal para a nossa caminhada!

Neste trecho nos deparamos com uma placa sinalizadora indicando a distância até a cidade de Aparecida por aquela rodovia: 177 quilômetros.

Claro que nosso fotógrafo oficial, o amigão de todos grande Tello, 42 anos, em sua terceira experiência como peregrino, não deixou escapar tal imagem e flagrou o registro. Marcelo Tello é de Caconde, assim como sua esposa Débora, 38 anos, também em sua terceira peregrinação.

Nessa hora, minha canela esquerda já estava muito dolorida. E quente também. Meus passos estavam vagarosos e com isso fui ficando para trás.

Ah, que desespero!

Começo a cogitar a possibilidade de ter que ir para o ônibus. Fazer companhia para a Melre, Maria Elisa, 52 anos de idade, em sua segunda experiência de peregrinação, amiga que havia se precavido neste trecho para não aumentar a dor no joelho esquerdo.

Fico cada vez mais para trás.

Até me juntar ao último grupo formado por José Luciano, 60 anos, em sua terceira caminhada, Fernando Lima, calouro de 40 anos, Sílvio e o cacondense Leandro, o Xuxa, 31 anos de idade, em sua sexta peregrinação.

Busco amparo nas palavras motivacionais deles, mas está cada vez mais difícil. A dor é dilacerante. Parece que minha perna esquerda está queimando. Minha canela está fervendo. Piso em brasa. O cajado me ajuda, mas estamos há mais de sete quilômetros de nosso próximo destino, local de almoço, na entrada da cidade de Pouso Alegre.

Eis que ouvimos alguém chamar:

– Ei, ei!

Estávamos subindo um pequeno morro perto de uma propriedade rural chamada Fazenda Fortaleza. Estávamos no acostamento da esquerda, de frente para os carros que vinham sentido Pouso Alegre – Congonhal.

Olhamos para a direita e um senhorzinho vem todo sorridente ao nosso encontro. Está correndo em uma estrada de terra que leva até uma casa simples, azul, ao longe dessa estrada.

Um senhor de chapéu na cabeça, muito bem-vestido, com camisa de botão por dentro da calça e um sorriso ímpar nos lábios.

Ele quase não aguenta os carros passarem em alta velocidade naquele trecho. Atravessa correndo as duas faixas de pista e nos encontra com a seguinte pergunta:

– Vocês são de Caconde?

Como num susto, José Luciano respondeu:

– Nós, não. Só ele aqui, esse feioso – apontando o dedo para o Leandro Xuxa.

E o senhorzinho retruca na mesma hora, repreendendo o nosso bem-humorado líder das finanças:

– A beleza da cara não tem problema. O que importa é a beleza do coração!

Acertou em cheio, pois isso o Xuxa tem de sobra: a grandeza de coração.

E assim continua a conversa daquele senhor que "todo ano, por essas datas", segundo ele, passa um senhor de Caconde, amigo dele indo a pé a Aparecida. Só que ele não lembra mais o nome desse peregrino. E, bem-humorado, ainda pede uma prece:

– Vocês vão para a Aparecida, certo? Rezem por mim, porque ontem foi meu aniversário de 90 anos.

O quê?

Noventa anos e essa vitalidade e simpatia? É claro que reza-remos, sim, seu Amadeu Queiroz!

— E olhe que Queiroz é por causa de uma promessa de meu pai. Não é sobrenome de família não. É por causa do remédio na farmácia.

Essa simples conversa me deu ânimo para andar mais cinco quilômetros. Por fim, não aguentei e tivemos que pedir o resgate ao nosso carro de apoio.

Rodrigo, nosso simpático motorista, foi o primeiro a me ver chorar. **Um choro doído demais. Um pranto amargo que me trouxe à realidade.**

**Não posso tudo. Não sou invencível. Não tenho poder de sobrepor minhas vontades sob os desígnios de Deus e Nossa Senhora.**

**Meu corpo tem limite. Minha alma também.**

Choro sozinho no ônibus copiosamente por alguns minutos.

Choro de dor. De frustração. De desespero. De fracasso. A dor de não alcançar aquilo que se dispôs a fazer: caminhar!

Que tristeza eu sinto agora.

Sinto a dor dilacerante no coração daquele que não completa a jornada. Daquele que não conclui a peregrinação. Sinto-me envergonhado. Me recluso no ônibus. Não quero ver ninguém naquele momento. Me isolo enquanto meus amigos e amigas estão caminhando por eles e por mim.

Que maravilha de grupo. Que se preocupa com todos e ao mesmo tempo continua no propósito firme da caminhada: a fé!

A fé na nossa Querida Mãe Aparecida. A fé na nossa firmeza de espírito. A fé na nossa grandeza de alma.

Todos, sem exceção, nesse grupo a têm: grandeza de alma.

**E é com essa grandeza de alma que passo a entender o que é uma caminhada de fé. O que é uma peregrinação.**

Saber o gosto amargo de ver os seus companheiros iniciando uma caminhada e você, dentro do ônibus, pela janela, os vê caminhando!

Me engasgo e dá um nó na garganta só de relembrar dessa janela. A janela da dor! A janela da frustração!

Mas, ao mesmo tempo, a janela da reflexão e do aprendizado! O efeito da dualidade de novo nestas minhas palavras! Que lindo e emocionante!

Refaço mentalmente o caminho que percorremos e sei que SOU UM VITORIOSO!

Consegui dar o primeiro passo às 10h10 da noite daquela quinta-feira. Quantas e quantas pessoas queriam estar ali.

Mas, não, não estavam! Às vezes, por motivos insignificantes. Ou por puro medo. Ou por conforto de não querer enfrentar as batalhas diárias de uma caminhada. Sei lá!

Não estavam, mas queriam estar!

E assim, sem estarem lá, não sentiram a alegria do primeiro passo. Não responderam ao primeiro aceno de boa viagem. Não ouviram o som do Sabino nas ruas de Tapiratiba a nos guiar até o trevo de saída rumo à Caconde.

Não!

Essas pessoas nunca sentirão o gosto do desafio vencido. A primeira etapa cumprida. O primeiro morro. O primeiro descanso depois de cinco quilômetros percorridos.

Ah, que show!

Elas também não saberão quão suave e marcante é o cheiro dos eucaliptos à noite, no orvalho. As folhas pisoteadas. A brisa suave no rosto.

Nem ao menos sentirão o ardor nos braços queimados pelo sol do meio-dia. O rosto empapuçado de suor. Os pés quentes feitos brasa a caminhar sob o asfalto no calor escaldante da tarde!

Ah, meu Deus, quanto sucesso!

Que sensação maravilhosa a chuva lavando nova alma, estragando nossas capas, sombrinhas, guarda-chuvas. A enxurrada nos remetendo à nossa infância! A gente subindo morro asfaltado e a água vindo feito cachoeira, no acostamento. Quando nos vimos, estávamos lá chutando água para todo lado. Jogando água e lama nos companheiros.

Por fim, parecíamos crianças desobedecendo nossas mães!

Ah, que sensação maravilhosa!

Só tenho a agradecer. E assim farei quando passar, andando, aos pés de Nossa Senhora Aparecida.

Amém!

E assim aprendo a quarta lição: **a peregrinação como fonte de perdão**. Saber perdoar a si mesmo e aos outros. Saber reconhecer o seu valor até mesmo nas aparentes derrotas. Saber reconhecer que o mais importante nesta vida é valorizar aquilo que é feito. Com muito amor, muita dedicação e muito esforço.

Se você é capaz de se orgulhar daquilo que fez, saiba que é muito mais importante do que não ter iniciado nenhum projeto de vida. Reconheça a si mesmo e, assim, reconhecerá o esforço, a dedicação e o amor no outro.

Ninguém sabe a dor que o outro passou. Você não estava lá, na pele dele. Ter que decidir! Escolher! Definir! Você é capaz, sim, de sentir a própria dor. E assim, valorizar seu esforço. O que o outro fez ou deixou de fazer é com ele. Isso não te pertence. Não carregue esse fardo contigo. Perdoe!

Apenas perdoe!

E siga em paz! Como é difícil ter consciência dessa lição. Como é forte a sensação de se sabotar. Achar que está tudo errado, quando, na realidade, seu esforço é limitado. Sua capacidade de enxergar é limitada também. Você não consegue, por exemplo, acompanhar os peregrinos saindo em direção ao centro de Pouso Alegre por mais de 500 metros.

Quando se dá conta, eles já subiram o morro e viraram uma curva à direita para irem em direção ao nosso pouso em um depósito de batatas do outro lado da cidade.

Nesse dia, três "mosqueteiros" quiseram se aventurar e, depois de uma breve discussão com o grupo, resolveram seguir outro caminho, diferente daquele planejado e proposto anteriormente.

Passava um pouco das 12h30 quando o sr. Orlando, Jairo e Carvalho saíram em busca de novo trajeto, querendo provar aos outros peregrinos que este caminho que iriam seguir era mais viável, mais rápido e mais seguro do que passar pelo centro de Pouso Alegre, tendo que trombar e desviar de muitas pessoas pelo caminho.

E lá foram os três "mosqueteiros", cada qual representando uma das três cidades do grupo: sr. Orlando, Tapiratiba, Jairo, Caconde e Carvalho, São José do Rio Pardo. Se tivesse sido combinado, não teria dado tão certo. **Mais uma vez, o três na nossa peregrinação!**

Os demais peregrinos passaram por situações inusitadas nesse dia. Sol escaldante. De repente, chuva. Depois sol de novo. Pararam para tomar sorvete e beber refrigerante, quando quase foram assaltados. A Barla teve sua bolsa quase arrancada do braço. Sorte que o José Luciano e o Tio Negão estavam próximos e gritaram com o meliante, e assim o afastaram. E pensem que esse mesmo menino tinha sido agraciado com um picolé e um refrigerante pelo grupo.

O mistério da dualidade! Do estar atento. Do senso de grupo.

E por falar em grupo, os três "mosqueteiros" também passaram por poucas e boas. Sr. Orlando, muito ligeiro, ia liderando o grupo sempre em ritmo alucinado. Carvalho seguia bem e Jairo se esforçava para acompanhá-los.

Acabaram andando muito mais que o grupo havia planejado. No total, segundo cálculos feitos no local do pouso por colegas de Pouso Alegre, eles chegaram a caminhar 16 quilômetros a mais!

E ainda tiveram que enfrentar chuva e enxurradas enormes. Carros passando raspando na Fernão Dias e os deixando ensopados.

No total, naquele quarto dia, o grupo da maioria andou **42 quilômetros em 13 horas e cinco minutos. Agora já acumulamos 180 quilômetros.** Eu caminhei menos, é verdade, e os "três mosqueteiros" caminharam 58 quilômetros em 14 horas e 30 minutos. Um recorde absoluto. Uma doideira!

Já na volta ao grupo, em outro local que não aquele planejado, Jairo disse em alto e bom tom sobre aquela loucura:

– Gente do céu, eu não acompanho o Orlando mais nem em canto de "Parabéns pra você". Esse homem é maluco!

Ainda bem que essa história trouxe alegria a um dia tenso, em que o local planejado para o nosso pouso estava inconcebível e não conseguiria nos atender. A ideia do sacrifício na peregrinação nos faz dormir em locais simples, isso é certo. Mas, às vezes, o local está tão abandonado e não conseguiríamos nem sequer usar o banheiro e dormir em paz. Nem local tínhamos para comer o macarrão e a calabresa acebolada do jantar.

A sorte é que outros colegas da cidade de Pouso Alegre nos arrumaram outro entreposto de batatas e lá fomos nós, dormir em local simples, bem básico, mas com um mínimo de dignidade possível.

Assim encerramos mais um dia.

O quarto de um total de oito!

O dia em que aprendi **a peregrinação como fonte de perdão.** Perdão a si mesmo primeiro e aos outros também, como consequência. Tal qual aconteceu com o perdão concedido por Nossa Senhora ao escravo Zacarias. As correntes se quebraram e o milagre se fez.

Ave Maria!

# MILAGRE 5

## A IMAGEM DA SANTA ENCONTRADA

*Em meados de outubro de 1717, os pescadores João Alves, Felipe Pedroso e Domingos Garcia receberam uma encomenda grande de peixes para saciarem a fome de uma comitiva do Conde Assumar. Mas nada de peixes no rio Paraíba do Sul. No porto de Itaguaçu, repetindo as tentativas, a rede de João Alves trouxe do fundo do rio uma imagem de Nossa Senhora da Conceição, sem a cabeça. Lançando outra vez a rede, o pescador tirou de dentro das águas a cabeça da Santa, que se encaixou perfeitamente àquela imagem. O milagre mais uma vez se fez! Imagem Aparecida no rio!*

## QUINTO DIA
### 19 DE OUTUBRO DE 2021
### POUSO ALEGRE – PARAISÓPOLIS

Eis que chega o quinto dia da nossa caminhada. Depois de uma noite maldormida, é verdade, todos despertam e já estamos prontos para a primeira oração do dia. Rinaldo começa a leitura, e a frase que sempre repetimos entoa ainda em minha mente:

– Uma peregrinação é sempre uma chance de enriquecer a fé e viver uma jornada rumo ao próprio interior. Autoconhecimento!

E o desafio do dia, então, que beleza "perceber Deus, a obra de Deus na natureza". Assim, às 3h25 começa a peregrinação do grupo, pois mais uma vez fico no ônibus durante madrugada e manhã. Retomarei a caminhada, se Deus quiser, depois do almoço.

Percebo que passamos da metade da nossa meta. Quatro dias inteiros já se foram de um total de oito. Completamos, já, 180 quilômetros, de um total de 328!

Que emoção eu sinto só em relatar esses números!

Chegamos de ônibus à praça central de Conceição dos Ouros às 5h30 da manhã. Nos alojamos em um estabelecimento comercial aberto e abandonado com um banheiro extremamente sujo e malcheiroso, que quase fez desmaiar o nosso amigo motorista Rodrigo. Limpei esse banheiro e me senti útil.

O grupo dos caminhantes chega por volta das 7h20, 19 quilômetros depois, quando o café já está posto e pronto para ser consumido. Bem rápido, é verdade, porque os peregrinos estão empolgados e querem continuar naquele ritmo para chegar logo à próxima parada, um restaurante simples às margens da rodovia, perto de uma boate que nos empresta seu espaço do estacionamento para nos alimentarmos.

Vou ajudando a arrumar as mesas, tiro o lixo e vejo os meus irmãos partirem em caminhada, já que ficarei no ônibus mais um trecho. Vou ajudar também a comprar carne para o almoço, e o feijão com costela defumada. Estou nos bastidores e ajudando de novo.

O café termina e o descanso também. Sr. Orlando, como sempre, sai em disparada junto de seu sobrinho José Renato, calouro com 49 anos.

Rinaldo, com sua bolsa nas costas e o cajado na mão direita, como sempre também, está saindo da praça central de Conceição dos Ouros quando um senhor alto, rosto redondo, olhos bem característicos daqueles soldados romanos do tempo de Jesus lhe chama a atenção na parte de cima de um sobrado.

Esse "soldado" então se dirige a Rinaldo e pergunta:

– Você está indo a Aparecida?

Rinaldo, ainda assustado com aquela visão da parte de cima do sobrado, responde que sim. Mas assustado por quê? Porque certa feita o nosso estimado chef sonhou que era um gladiador, que estava lutando ferozmente em pleno Coliseu de Roma.

Ele se viu com as vestes características, sentiu arrepios mil quando adentrou no próprio Coliseu pela primeira vez na década de 1990, quando morou na Itália.

Vejam que maravilha: da Barrânia, distrito de Caconde para Roma, no Coliseu. Ou seria ao contrário? Sei lá!

O fato é que Rinaldo naquele momento parecia ter identificado o próprio Asterix, personagem peculiar da história romana. Parecia, sim, que aquela pessoa na parte de cima de um sobrado em Conceição dos Ouros era um velho conhecido seu.

Aquele senhor disse que já havia feito mais de 30 mil terços e, com carinho ímpar e generosidade extrema, vendia-os e doava-os aos "cideiros" que ali passavam.

Quando ele entrou para buscar o terço para doar ao nosso irmão Rinaldo, eis que chega também naquela extensão da praça o peregrino mais disciplinado e organizado do grupo: Valter Carvalho.

E com a mais absoluta certeza dono do cajado mais bonito da expedição. Na ponta desse cajado de madeira tem uma linda imagem de Nossa Senhora da Aparecida esculpida e com um manto sobreposto.

Mais uma vez, me arrepio ao relatar essa cena!

José Elcio, mais conhecido como Zézão, o "romano" fazedor de terços, pede para um dos dois se preparar lá embaixo porque ele iria jogar o rosário presenteado.

Carvalho não pensou duas vezes e esticou o seu cajado até a parte de cima daquele sobrado antigo no centro de Conceição dos Ouros.

Rinaldo, o outro "soldado romano", um pouco atrás, viu e reviu uma cena bíblica muito famosa. **Jesus na cruz, já não aguentando mais de tanta dor e tanto esforço físico balbucia uma das sete frases citadas naquela crucificação: "tenho sede". E um soldado romano molha a esponja embebecida em água e vinagre e a leva até a boca de Jesus.**

O peregrino Rinaldo está estático. Mudo. Parado. A cena de Carvalho levando Nossa Senhora no cajado para receber o terço das mãos de Zézão é impactante. É maravilhosa. É cura para o corpo e para a alma. Nossa Senhora acolhe o terço que vem deslizando pelo cajado até as mãos de Carvalho.

**A vida se repete!**

A cena nos remete a mais um desafio vencido. Mais quilômetros de incentivo o Zézão nos proporcionou.

O terço chegou às mãos de Rinaldo e o espírito de grupo, de equipe, de harmonia, de compartilhar a dor e a alegria, traz à mente desse "soldado" a entrega generosa desse rosário a um peregrino que, machucado, encontra-se no ônibus de apoio escrevendo e descrevendo essa peregrinação.

Rinaldo está certo de que aquele rosário é meu, e não dele.

No entanto, Nossa Senhora conduz tão magistral e lindamente essa história que o iluminado guerreiro Valdeci tem a mesma ideia.

Quando passou, também, pelo Zézão e ganhou o seu rosário, humildemente solicitou mais um para me presentear. Que dádiva!

Zézão não só me deu um rosário por intermédio desse meu amigo como profetizou:

– Ele chegará andando aos pés da Santa. Diga a ele para ter fé. Só isso! Fé!

Obrigado Zézão. Obrigado irmãos Valdeci e Rinaldo. Obrigado Querida Mãe por nos dar aquilo que nos pertence e compartilhar o que mais sagrado trazemos: a nossa fé!

Escrevo estas linhas com este terço com a cruz em estilo romano na mão e anseio conhecê-lo, Zézão, no próximo ano quando passar por Conceição dos Ouros de novo. E, dessa vez, andando junto de meus companheiros. Em mais uma caminhada.

Mais perto de Aparecida. Mais perto de mim mesmo. E assim aprendo a quinta lição: **a peregrinação como autoconhecimento**. A oportunidade que temos de mergulhar no interior vivo de nós mesmos. Nos conhecer para conhecer quem está do nosso lado.

A peregrinação nos convida a esse silêncio, de vez em quando. A revelar o que temos de mais sagrado em nós mesmos e sairmos melhor do que iniciamos.

A frase da oração do dia, repetida em todas as madrugadas, faz muito sentido de novo:

**– Uma peregrinação é sempre uma chance de enriquecer a fé e viver uma jornada rumo ao próprio interior.**

E a caminhada continua. Depois do almoço retorno junto de meus companheiros para a etapa final de 12 quilômetros.

Chegamos a Paraisópolis na maravilhosa Pousada Peregrinos da Mantiqueira, do simpático e acolhedor José Afonso às dez para as quatro da tarde. Minha perna estava em brasa. No total do dia, foram **39 quilômetros em 12 horas e 35 minutos. Agora já acumulamos 219 quilômetros.**

Ali, sim, naquela pousada, pudemos tomar banho sossegados nos chuveiros quentes e numerosos, rezamos o terço na companhia do José Afonso, do Rinaldo e do Henricão, que deram um descanso ao Sr. Joãozinho e fizeram maravilhoso jantar. Macarrão espaguete à bolonhesa e macarrão pene com pesto de manjericão.

Cansados, porém, renovados, dormimos mais um pouco enquanto o quinto dia se encerrava.

O dia em que aprendi **a peregrinação como autoconhecimento.** Conhecer-se primeiro para ter uma vida mais plena, realizada e feliz. Tal qual aconteceu com os pescadores que encontraram a imagem de Nossa Senhora no rio Paraíba do Sul. As peças soltas se encaixaram perfeitamente e o milagre se fez.

Ave Maria!

# MILAGRE 6

## AS VELAS ACESAS

*O pescador Felipe Pedroso ficou com a imagem e tempos depois a deixou com o seu filho Atanásio, que construiu uma capela, um oratório simples de pau a pique às margens do porto de Itaguaçu. Logo as famílias vizinhas se juntaram a eles para rezar o terço. Em uma noite serena, sem vento algum, as duas velas que se encontravam no altar se apagaram. Dona Silvana, a matriarca, levantou-se e foi acender as velas. Porém, sem nenhuma intervenção humana, as velas se acenderam sozinhas novamente. Mais um milagre aconteceu na presença de tantas pessoas!*

# SEXTO DIA
## 20 DE OUTUBRO DE 2021
## PARAISÓPOLIS – SANTO ANTONIO DO PINHAL

O sexto dia chegou!

E com ele o cansaço se fez mais presente. As dores estão cada vez mais profundas. Minha perna esquerda está em brasa, na altura da canela. Mal consigo dar um passo quando acordo às 2h da madrugada em ponto.

O despertador do Rinaldo é implacável. Acorda a gente mais rápido que o ronco do Silvão.

Ah, o ronco do Silvão, meu Deus!

Já é a quinta noite que dormimos nessa peregrinação, e eu não consigo nem chegar perto desse grupo liderado pelo Silvão: Jairo, Xuxa e o Henricão sempre dormem próximos, porque um não atrapalha o outro.

Tudo brincadeira, gente!

O cansaço é tamanho que ninguém escuta ninguém. Cada qual deita no seu canto, estende seu colchão, coloca lençol e pronto.

Quando nos damos conta, já é hora de acordar de novo.

E por falar no Silvão, aqui vale uma vez mais o relato de quem caminhou ao seu lado. Se eu já tinha uma grande admiração por esse ser iluminado antes da peregrinação, agora meu carinho se traduz nestas linhas que escrevo.

Pense em uma pessoa simples, humilde, amiga dos amigos. Pensou? Multiplica por "sete vezes sete", número cabalístico que outrora Jesus nos falou e temos o Sílvio. Preocupado ao extremo com todos do grupo, ele é o último a chegar. Sempre!

Dizem até que ele chega por último de tanto que fala, por isso cansa mais do que os outros peregrinos.

Mas não!

A verdade é que ele se preocupa demais com todos os caminhantes, e assim fica mais fácil saber quem está ficando para trás. Ah, como ele me ajudou!

Ele acompanha o ritmo dos mais lentos, atrasados, machucados. E assim não fica ninguém sem amparo. Quantas vezes olhei para trás só para confirmar se ele estava bem, também.

E olha que essa missão dele não é fácil, não!

É preciso ter muita coragem e dedicação. Aliás, essas duas características Sílvio tem de sobra. Fora criado em um lar espírita. Seu falecido avô, Egídio José Araújo, foi um dos fundadores do Centro Espírita Francisco de Paula Victor em Tapiratiba, até hoje atuando junto à comunidade mais carente e realizando um trabalho social e espiritual digno de "cidade grande", como costumavam dizer os fundadores.

Contra todos na família, resolveu professar a fé católica e, logo ele, apaixonou-se por uma evangélica fervorosa.

O quê? É isso mesmo?

Mudou de religião e ainda trouxe a Silvana para ser batizada na Igreja católica já adultos?

Esse pedreiro, sem pestanejar, realmente edifica e abala construções sólidas. Solidifica princípios. Vive a evangelização a cada passo.

E foram esses passos na vida de pedreiro que acabaram descobrindo a arte da peregrinação. Arte não, loucura, isso sim!

Fora a primeira vez no longínquo ano de 2012, liderados por pessoas de Caconde, junto de outros amigos de Tapiratiba. E daí a loucura virou paixão. A paixão transformou-se em amor. Amor incondicional pela caminhada!

E a cada ano se repete. Neste e no ano anterior, já foi líder espiritual do grupo Peregrinos da Paróquia Nossa Senhora Aparecida (PPNSA), de Tapiratiba. Antes, como já relatado, ia com o grupo liderado por cacondenses. Mas um fato triste e constrangedor o tirou do sério em 2019. Dentro da Igreja Santa Edwirges, em Paraisópolis, uma discussão trouxe um racha no grupo de peregrinos à época. Neno e Silvão, com razão, acabaram se desentendendo com os líderes daquele grupo à época e juraram não ir junto com aquele pessoal nunca mais. Daí o PPNSA surgiu!

A primeira peregrinação sob a liderança de tapiratibenses foi em 2020, e esta de 2021, a segunda vez, também contando com cacondenses e rio-pardenses.

Aquela discussão foi a gota d'água que fez transbordar o copo cheio. Assim como a nossa vida é de fato. Às vezes, um fato isolado coloca em xeque toda a nossa fé. Toda a nossa esperança. E aquilo que deveria ser a melhor coisa da vida, passa a ser um fardo gigante em nossas costas.

Assim como a depressão que afligiu o Sílvio anos antes daquela primeira caminhada.

**Ah, essa depressão!**

Doença silenciosa, calada, causadora de tantas e tantas mortes por aí. Tantas e tantas debilidades. Conheço pessoas que se tornaram meus grandes amigos que já tiveram vontade de jogar o veículo em cima de paredões, carretas, ônibus para acabarem com o sofrimento que essa doença traz!

Mas a fé os resgatou! A imagem de Nossa Senhora trouxe alento a esses amigos e ao Sílvio em especial.

E assim, já curado, todo ano a alegria se repete.

A emoção de mais uma caminhada traz à pele o desejo de ser a primeira vez! Tudo novo de novo! O mesmo caminho! A mesma paisagem! Só que não!

As experiências vivenciadas a cada ano se diferem das anteriores, e a paisagem que se vê em detalhes hoje é diferente da do ano passado. Que coisa linda!

Como a nossa vida é maravilhosa!

Como o caminhar se faz presente!

A emoção do passo a passo. A dor nos músculos cansados não impede o andar leve, suave, lento e, às vezes, vagaroso demais.

Mas a chegada ao destino transforma tudo.

E tudo se transforma de novo!

Como é maravilhosa a peregrinação.

Eis que aprendo a sexta lição: **a peregrinação como serviço ao próximo.** Sílvio primeiro pensa nos outros, depois ele chega ao destino. Que bênção e privilégio caminhar ao seu lado.

Outra bênção e privilégio é poder conviver com a figura doce do sr. Joãzinho, o nosso "cozinheiro" como ele mesmo fala, chef da nossa atual peregrinação. João Batista Alves, 63 anos está em sua 37ª caminhada.

– O quê? Trinta e sete vezes até Aparecida em grupo o sr. está completando conosco? – Pergunto, assustado.

A resposta é bem simples, a cara dele:

– Isso. Algumas caminhando e a grande maioria no "caldeirão"!

Abençoadas as mãos do sr. Joãozinho que na quinta-feira da semana passada, de manhã bem cedo estava no ponto perto de sua casa em Caconde a nos esperar. E ninguém passou por lá.

Que desespero! Que frustração! Que dor aguda no peito ele sentiu naquele momento. "Esqueceram de mim", ele pensou e contou à sua esposa quando voltou desolado para casa.

Sua esposa, então, pegou o celular e ligou para o José Luciano, nosso líder, que havia combinado com ela e o sr. Joãozinho o dia que iríamos para a Aparecida. A confusão se deu porque a data de saída seria, como de fato o foi, dia catorze de outubro, na quinta-feira, só que sairíamos de Tapiratiba caminhando à noite, naquela quinta e passaríamos em Caconde somente na sexta-feira de manhã, e não quinta! (risos)

Sr. Joãozinho adiantou um dia e pensou que não iríamos levá-lo em nossa peregrinação. *Conclusão*: na sexta de manhã lá estava o sr. Joãozinho em seu veículo gol, cor cinza, todo faceiro para ir de carro junto conosco.

Nos encontramos pouco depois do Morro da Morte, em Palmeiral, no nosso primeiro café da manhã.

Logo após esse desencontro, ele quis ir de carro e não no ônibus, como havia sido combinado antes. Após uma breve discussão e um grupo dividido, o sr. Joãozinho foi para Aparecida em seu carro junto ao ônibus, como um veículo de apoio.

**Mais uma vez, Nossa Senhora nos mostra seu manto de bênçãos e nós, grupo PPNSA recém-criado, fomos instrumento para presentear a bondade e a generosidade desse senhor, cozinheiro presente em tantas e tantas peregrinações.**

No caminho até a cidade de Paraisópolis, seu carro quebrou e o conserto fora realizado e custeado pelo grupo. O dinheiro arrecadado antes da nossa caminhada serviu de alento e presente para que o veículo desse senhor pudesse ser consertado e voltasse a ser utilizado.

Mais uma bênção, com certeza!

Não precisamos tirar nenhum dinheiro do nosso bolso durante todo o caminho até agora e, ainda assim, o sr. Joãozinho também não ficou sem carro. Talvez nem conseguiria reformá-lo porque os defeitos vinham já de longa data.

**Nossa Senhora nos mostrou que a lição de serviço ao próximo nunca fora em vão.**

Os peregrinos saíram de Paraisópolis às 3h10. Sr. Joãozinho dessa vez saiu no ônibus comigo, com o Rodrigo e o Henricão, às 6h40 da manhã.

E que susto passamos!

O CAMINHAR DA VIDA EM UM CAMINHO DE FÉ!

A pousada do José Afonso fica encrostada em uma rua íngreme, em um pedaço de rua contramão, com pedras e paralelepípedos à mostra. Quando o Rodrigo começou a dar ré no ônibus, um fio de alta tensão quase foi cortado pelo veículo.

A sorte foi que o Henrique viu e resolveu tal problema de uma forma inusitada.

Pegou o rodo de limpeza, se esticou todo grudado à porta do ônibus aberta, em movimento e, assim, lentamente, o fio de alta tensão – primária extremamente perigosa – ia sendo esticado para que o ônibus passasse sem encostar nele.

Ufa, trabalho maravilhoso dos dois nos bastidores. Rodrigo no volante e Henrique no rodo. E, olha, que o Carlos Henrique, bombeiro, 42 anos está em sua segunda peregrinação. Na primeira ele foi como caminhante e, depois de um árduo caminho de esforço e dedicação, cheio de dor e sofrimento, conseguiu chegar ao término em prantos.

Duas semanas depois, teve que ir ao médico e se afastou do serviço por mais de trinta dias. O médico lhe disse com todas as letras:

– Ainda bem que fizeste esse caminho antes. Agora, será muito difícil refazê-lo andando.

Por isso, seu trabalho nos bastidores, como auxiliar de cozinha e organizador das compras diárias é tão importante e valoroso para o grupo. Valeu Henricão, meu xará!

Junto a ele, vivi uma emoção diferente, que passo a relatar agora. Paramos em um supermercado de bairro por volta das 8h da manhã para as compras diárias e recompor nossos fardos de água. Mas não tinha nenhum fardo de água nesse supermercado. A moça do caixa nos orientou que ali perto, no quarteirão de cima, tinha um estabelecimento pequeno, mas que poderia ter água mineral que tanto nos faz falta na rotina da caminhada.

A hidratação tem que ser permanente e o nosso freezer nunca fica vazio. Era hora de reabastecê-lo.

Fomos eu e o Henricão até esse estabelecimento que estava acabando de abrir. Uma senhora simples, bem-educada nos atendeu e ofereceu ajuda.

– A senhora tem fardo de água aí? – perguntou meu xará.

– Tenho sim, pode pegar aqui. – Ela respondeu apontando para uma pilha de fardos de água que se encontrava num canto daquele pequeno cômodo de comércio, achando que íamos pegar um.

Lembro-me do sorriso aberto e estampado no rosto dessa senhora ao ver que pegamos todos os 14 fardos de água e pagamos o valor integral, sem desconto algum, por pix em sua conta bancária.

Emociono-me de novo ao relatar tal fato, porque talvez essa senhora demoraria muito tempo para vender esses 14 fardos de água mineral. **E proponho a todos os caminhantes em seus grupos para adquirirem produtos e mercadorias dessas pessoas simples, lugares mais longínquos dos centros tradicionais de comércio. Às vezes uma simples compra para o grupo muda o dia da pessoa. Com certeza, mudamos o dia daquela senhora, sim!**

A peregrinação como serviço ao próximo também é isso: valorizar o pequeno comércio por onde passamos.

Passamos, também, pelo Carrefulvio, no bairro Rodeio, em São Bento do Sapucaí, perto de onde tomamos o nosso café, por volta das nove horas da manhã. Os peregrinos já haviam caminhado mais de 16 quilômetros e ainda tinham mais 13 até o almoço.

Atrasamos o café de todo mundo por causa do fio enroscado no ônibus. Imprevistos acontecem, já relatamos aqui.

Meio-dia e vinte paramos no bar do José da Rosa para comer um lanche rápido, ao invés de almoçar por conta do tempo. Pão, tomate, salame, peito de peru, queijo prato, maionese, ketchup e lá vamos nós, de novo, caminhar mais 15 quilômetros. Desta vez eu estava junto, com meu cajado na mão e andando até a estátua de Nossa Senhora Auxiliadora em Santo Antônio do Pinhal.

E que frio enfrentamos naquela tarde.

Subidas e mais subidas até chegarmos ao ponto mais alto de nossa peregrinação. Mais de 1100 metros de altitude, e a paisagem é lindíssima naquele morro aos pés da Santa. A cerração cobria nossos olhos e, *de repente, não mais que de repente,* como ilustrou o poeta Vinicius de Moraes, ela se dissipou por alguns momentos nos deixando de boca aberta com a paisagem mais bela ainda.

Eram 3h40 da tarde quando chegamos àquele maravilhoso local. Rezamos o terço ali mesmo e agradecemos muito por mais um dia concluído. Foram **45 quilômetros percorridos em 12 horas e 30 minutos. Agora já são 264 quilômetros.**

O atraso que tivemos na saída de Paraisópolis fez com que o grupo andasse mais rápido e, assim, chegamos mais cedo ao local do destino.

O ônibus logo chegou e nos levou ao ginásio de esportes onde seria nosso pouso naquele sexto dia. Jantamos muito bem com bifes e saladas variadas.

Mais um dia chega ao seu final. O dia em que aprendi **a peregrinação como serviço ao próximo**. Tão maravilhoso poder se sentir útil. Fazer algo que lhe dê satisfação. Servir é muito melhor que ser servido. Tal qual aconteceu com dona Silvana, a matriarca no milagre das velas quando se dispôs a servir sempre.

Ave Maria!

# MILAGRE 7

## A MENINA CEGA

*O ano era 1874. A devoção à Santa estava crescendo e trazendo romeiros à cidade de Aparecida. Na cidade de Jabotical (SP), uma menina cega estava a clamar para que sua mãe a levasse até esse local sagrado. Sem dinheiro, sem comida, sem transporte, mas com uma fé inabalável de mãe, Gertrudes Vaz segue com sua filha por três meses até chegarem à entrada da cidade. De lá, dona Gertrudes percebeu que tanto sacrifício havia valido a pena. "Olha, mamãe, a Capela da Santa", disse a menina. Os seus olhos voltaram a enxergar. A cegueira fora curada! Outra vez o milagre se fez!*

# SÉTIMO DIA
## 21 DE OUTUBRO DE 2021
## SANTO ANTONIO DO PINHAL – MOREIRA CESAR

Estamos no sétimo dia!

Quem diria!

O relógio desperta às 2h da manhã, e lá vamos nós para mais uma etapa.

Todos respondem ao bom-dia de cada um. Alguns mais bem-humorados. Outros de cara fechada ainda. Nos alongamos. Espreguiçamos. Escovamos os dentes. Trocamos de roupa. Enfim, nos preparamos para um novo dia!

O sétimo dia de caminhada!

A oração inicia-se pela voz do orador principal, o chef Rinaldo e o terço logo em seguida é declamado pelo Silvão.

Ah, quão poderosa é a oração!

A oração simples, o pedido singelo dirigido ao Pai e à Nossa Mãe Aparecida. Como é lindo esse momento. E mais uma vez a imagem da Santa Aparecida está ao centro e no mais sagrado espaço de nossos corações.

A oração que brota do coração e chega à nossa alma!

Que maravilha!

Já iluminados pela oração, pegamos as nossas lanternas e iluminamos o caminho de Santo Antônio de Pinhal até Moreira César.

A trilha ainda está muito escura quando o ônibus nos deixa à beira da estrada. São 2h50. Nos aventuramos a descer no meio daquela mata e não pelos trilhos do trem desativado.

Apenas as luzes das lanternas traçam o caminho de cascalho e terra batida à nossa frente. Estamos descendo mais de 500 metros de altitude.

O cuidado redobra-se no meio daquele trecho, pois pedras pequenas e lisas podem desequilibrar os peregrinos e levar ao chão um de nossos amigos.

A noite vai perdendo a força, e os raios solares começam a estampar o céu divinal.

A imagem da serra ficando para trás é linda e emociona demais. Pensar que ontem mesmo subimos um morro imenso para chegar ao local mais alto nesses dias de peregrinação é satisfatório demais.

Agora, o processo é inverso.

Estamos descendo com **zelo, determinação e coragem. Eis aí as características de todo o peregrino!** E é assim que devemos ser em nossa vida também.

A peregrinação como a grande metáfora da vida, lembram-se?

E assim, também, como metáfora, passo a relatar mais duas histórias fantásticas que descobri nesta viagem iluminada: a homenagem a Pedro Ribeiro e a doença de Jairo Remédio.

– Mas quem foi Pedro Ribeiro? – Rinaldo perguntou.

– Não sei ao certo, mas sei que foi uma pessoa boníssima. Merecedora da nossa homenagem – assim fora a resposta do assessor do prefeito.

Rinaldo então passou a pesquisar sobre a vida e fatos daquela pessoa falecida há mais de dez anos. Falou com conhecidos, amigos e, por fim, familiares.

No dia da inauguração do Mirante, a praça estava lotada. Eram autoridades, pessoas do povo e turistas que puderam apreciar a maravilhosa música da orquestra jazz sinfônica de São João da Boa Vista, regida pelo brilhante e batalhador maestro Agenor Ribeiro Neto, e ainda ouviram o discurso do Rinaldo, que trago um trecho aqui neste livro:

— Mas quem foi Pedro Ribeiro? Foi pensando em responder a essa indagação que comecei a pesquisar a vida e os fatos desse cacondense, agricultor simples, pai de família, pessoa íntegra ao extremo.

E assim Rinaldo o foi descrevendo, contando anedotas e fatos interessantes que o público ouvia com atenção, naquele pedaço de chão maravilhoso, repleto de muita mata verde, entrecortada pelo azul-claro da represa ao fundo. O azul do céu se misturava ao laranja magnífico de um pôr do sol inesquecível.

Inesquecível, também, foi o trecho final do discurso do Rinaldo, esse sim de arrepiar:

– Deixei para o final dessa minha fala a mais impactante história que ouvi desse nosso homenageado hoje. Certa feita, sr. Pedro Ribeiro foi avalista em um financiamento feito por um grande amigo seu.

Ah, meu Deus, já posso até prever aonde essa história vai dar. Avalista, ah, não!

E assim Rinaldo continuou:

– A situação econômica não era muito diferente da que vivemos hoje, nem a voracidade dos bancos era benevolente. Muito

O CAMINHAR DA VIDA EM UM CAMINHO DE FÉ!

pelo contrário: o amigo não quitou a dívida e essa passou para o sr. Pedro Ribeiro pagar.

O silêncio naquele morro era gigantesco. Todos, sem exceção, estavam atentos às palavras do orador.

– Não tendo ele o saldo suficiente em sua conta corrente para firmar o comprometido, sugeriu trocar uma gleba de terra que tinha pela quitação total da dívida. E assim o banco aceitou. No dia em que foi lavrada a escritura, seus filhos ficaram sabendo e, indignados, começaram a questionar aquele homem íntegro, honestíssimo ao extremo: "Como o senhor pôde fazer isso?", "Essa dívida não é sua", "Não entregue essa terra que tanto suor te tirou".

Aquelas palavras do orador iam se perdendo na imensidão azul do céu maravilhoso, no meio das verdes matas, na visão divinal daquele local que agora passaria a se chamar Mirante Pedro Ribeiro.

E assim continua Rinaldo:

– Pedro Ribeiro ouve tranquilo e mansamente os questionamentos de seus filhos e lhes responde como uma profecia sábia: "O que é meu, a vida me devolve". Óh, meu caro Pedro Ribeiro, esse chão que agora pisamos era a área que fora dada ao banco como pagamento de uma dívida que não era sua. Essa gleba de terra que lhe foi tirada pelos homens, hoje lhe é devolvida para toda a eternidade. Todos saberão que esse chão é seu de fato e de direito. Deus lhe devolveu mesmo, meu estimado e querido Pedro Ribeiro. A sua sabedoria venceu: "O que é meu, a vida me devolve". Que assim seja. Amém!

Não houve naquele pedaço de chão e naquele momento específico quem não derramasse uma lágrima de emoção. Uma lágrima de ternura. Uma lágrima de fé.

A eternidade estava gravada naquelas terras: Pedro Ribeiro era o seu nome.

E foi exatamente nesse local sagrado, com uma visão privilegiada do que é o Universo e o Poder de Deus e sua criação, como os milagres diários de nossa vida, que lá se encontraram os amigos de Jairo Remédio para, juntos, orarem por sua saúde.

Jairo estava acometido de uma doença muito grave. A consulta que havia passado recentemente não lhe trazia boas recordações. Ao ser indagado pelo paciente sobre o diagnóstico, o médico lhe disse em tom pausado e triste: "Não sou portador de boas notícias, não".

O chão havia cedido, parecia que uma cruz pesadíssima lhe caía sobre os seus ombros. O medo da morte. A dúvida de quanto tempo ainda teria pela frente. Como seriam esses dias de dor e sofrimento. De radioterapia e quimioterapia. Tudo isso estava muito vivo ainda em sua cálida lembrança.

Mas os seus amigos de fé, aqueles peregrinos de tantas andanças, aquelas famílias todas que lhe queriam tão bem, estavam ali no Mirante para, juntos, orarem e pedirem a intercessão de Nossa Querida Mãe Aparecida na cura e no milagre da vida.

Ah, a vida. Tão preciosa! Tão rápida! Tão misteriosa e tão milagrosa ao mesmo tempo. A vida que se esvai de forma tão trágica, às vezes. Tão dolorosa! Tão sofrida!

A oração foi maravilhosa. O pedido simples de cura e tão complexo ao mesmo tempo foi feito por todos. A singeleza do coração de cada um que ali estava permeava a fé. Consolidava o amor incondicional ao próximo como prova maior da esperança.

A fé era a arma maior para o mal que lhe acometia a doença.

Naquela mesma noite, Jairo teve um sonho. Um sonho lindo, extremamente real e límpido. Tão forte e arrepiante que passo a relatar com os olhos cheios d'água.

Jairo estava em uma maca, deitado com a barriga para cima e uma luz forte bem branca estava em sua cabeça. À sua frente, uma pessoa vestida de branco massageia seu corpo e, de repente, tira uma espécie de bola, uma nódoa em formato circular e coloca em um saco plástico. Tudo é muito rápido, mas muito impactante.

O nosso estimado peregrino acorda assustado, coração disparado, suor frio escorrendo pelo rosto, mãos trêmulas e geladas, tudo isso junto ao medo da próxima consulta.

Ah, meu Deus e Nossa Senhora Aparecida, mais um drama a ser vivido. Mais um diagnóstico. Mais uma tentativa de que tudo não passasse de um sonho, ele tanto ansiava.

A consulta na cidade de Jales, arrumada com muito carinho e muita fé por sua ex-esposa, enfermeira chefe do departamento de oncologia naquele hospital referência, seria na semana seguinte.

Quando, enfim, a véspera da data marcada chegou, lá estava Jairo em direção à cidade de Jales. A manhã seguinte estava sendo muito aguardada.

Naquela cidade, bem tarde da noite já, o telefone de Jairo toca e lá se vê o nome de quem estava do outro lado da linha: Damasceno, um amigo de longa data e de tantas caminhadas.

Jairo até pensou em não atender, já cansado da viagem e com muito medo da consulta do dia seguinte. Porém, sem reclamar, atende ao telefone e ouve de lá:

– Jairo, meu amigo, desculpe o adiantado da hora, mas acabei de sonhar com você e uma coisa lindíssima aconteceu. Você estava em uma maca, deitado com a barriga para cima e uma luz forte bem branca estava em sua cabeça. À sua frente uma pessoa vestida de branco massageia seu corpo e, de repente, tira uma espécie de bola, uma nódoa em formato circular e coloca em um saco plástico. **Você está curado**, meu amigo. Pode crer. **Tenha fé!**

Do outro lado da linha, ainda atônito com o relato idêntico do mesmo sonho da semana passada, Jairo responde:

– **Fé! É exatamente isso que eu tenho**! E apenas isso: **fé na minha mãezinha Aparecida**. E se realmente eu estiver curado, eu volto a Aparecida a pé no próximo ano, já que nesta data eu não pude ir com vocês.

A consulta estava marcada para as 9h da manhã, e como sempre e bom caipira, Jairo já estava à espera desde as 8h. Antes, porém, ele havia feito um novo exame para avaliarem se houve aumento ou regressão na próstata.

Quando fora chamado a adentrar na sala da consulta, lá estava uma médica toda de branco a lhe esperar. Uma loira muita bonita, cabelos esvoaçantes, olhos azuis e uma boca bem torneada por um batom cor de cereja.

– Olá seu Jairo, tudo bem? Não quer me perguntar nada?

Ao que o nosso peregrino respondeu:

– Ah, doutora, estou tão impactado pela última consulta que passei que tenho até medo de perguntar algo. A resposta de que não tem boas notícias para mim ainda me dói demais.

Antes mesmo de ele continuar a falar, a médica já emenda:

– Pois não tenha medo! Hoje a notícia é muito boa, maravilhosa: o senhor não tem nada, seu Jairo. O raio X de hoje confirmou. Se tinha alguma doença por aí, já abandonou o cargo e foi embora. Se teve algum erro, posso afirmar que não sei qual foi.

Meu Deus e Minha Nossa Senhora!

– Como assim, não tenho nada? E o outro exame que fiz? – Perguntou Jairo.

A resposta veio de maneira simples e tranquila. Muito diferente da última consulta:

– Estou lhe afirmando. O senhor não tem nada. Sua saúde é muito melhor que a minha.

– Então posso ir a pé para Aparecida?

– Pode ir a pé até Caruaru, se quiser!

Jairo não se contém e desaba em lágrimas. **Lágrimas de emoção. De ternura. De fé!**

E quis o destino, ainda, reservar a última vaga na nossa peregrinação para esse ser maravilhoso cumprir o prometido. Como já relatado no início deste livro, a Cláudia Satti ficou com Covid a dois dias da nossa caminhada, e o Jairo não pestanejou em substituí-la.

E foi assim que entendi o gesto maravilhoso e impactante do Jairo nas nossas rodas de oração. Ajoelhado com as mãos esticadas e estendidas ao céu, agradecendo o milagre da vida. O milagre que só a fé interpreta!

Aprendi com isso a sétima lição: **a peregrinação como reafirmação da fé!**

A fé, mestra de todas as nossas vontades. A condutora maior de nossos desejos e nossas aspirações. Fé é acreditar. É aceitar a manifestação de Deus e Nossa Senhora em nossa vida.

A fé, caminho por onde traça a esperança.

A fé, trilha por onde passam os nossos sonhos.

A fé, lição ímpar de nosso ser.

E assim andamos mais alguns quilômetros e vamos chegando à hora do café da manhã. Paramos às margens da rodovia às 8h da manhã e ali mesmo, em um descampado, avistamos o ônibus e pudemos nos alimentar em paz.

**Que maravilha essa sensação de liberdade, de realização de um sonho. A peregrinação para mim é mais, muito mais que uma caminhada. É uma oportunidade de reflexão e aprendizagem!**

**Que alegria e emoção poder retratar em livro tudo o que foi vivenciado e deixar documentado para tantas pessoas – quantas quiserem – conhecerem nossos feitos, nossas histórias em nosso caminhar da vida!**

**Amém!**

Agora estamos debaixo de muito sol e vamos chegando perto da hora do almoço. A fome já está batendo forte. O chão de asfalto vai deixando os nossos pés em brasa.

Começo a conversar com o disciplinado Paulo César, mais conhecido no grupo como Tio Negão. Às vezes os minutos passam mais agradáveis ao longo de uma conversa. E os assuntos aparecem naturalmente. Os mais variados possíveis. Todos sem encerramento definitivo (risos).

É muito interessante isso. Já relatei neste livro, mas vale a repetição. Antes de sairmos em peregrinação, pensei que íamos ter tempo para discutir vários assuntos. Temas mil vieram à minha cabeça. Confesso que iniciei apenas três ou quatro dessas temáticas, mas nunca consegui encerrar nenhuma delas.

Porque sempre tem alguém que chega no meio da conversa e da caminhada e os assuntos mudam. Depois, você até tenta retornar a eles, mas já não sabe onde parou. Quantas vezes iniciei a mesma conversa com vários peregrinos e nunca terminei.

Até piadas ficaram sem seus desfechos. Histórias engraçadíssimas que não sei o final até hoje. Escrevo estas linhas sorridente e relembrando casos mil.

Ah, que saudade. Saudade!

Mas a minha mente me traz mais uma vez à lembrança do caminho e à chegada da frondosa mangueira. Uma árvore maravilhosa se destaca naquela paisagem árida da estrada de chão de asfalto.

As energias diminuídas pelo caminhar firme da manhã e mais 13 quilômetros vencidos. Estamos quase. As pernas sentem o cansaço. O cajado sustenta-nos mais uma vez, e a árvore, enfim, concede-nos sua sombra.

Nos juntamos todos ao redor da mesa onde estava o caldeirão mágico do Sr. Joãozinho e do Henrique. Cada qual se esticou como pôde. Pegou seu prato e serviu-se fartamente daquela carne moída apetitosa com bacon, arroz, feijão com linguiça e saladas variadas.

Era o nosso último almoço daquela caminhada de outubro de 2021. E a saudade aperta ainda mais a minha lembrança.

Confesso aqui, mais uma vez: escrevo com lágrimas nos olhos.

A emoção me bate forte, de forma gigantesca.

Vejo de novo o Rinaldo no degrau do ônibus comendo com gosto. O Valdeci a seu lado. O Zé Luciano, vegetariano, apreciando a salada de palmito e batatas. Neno, apelido do João Carlos, 56 anos, em sua quinta caminhada e sua esposa Margareth, 51 anos, em sua segunda experiência, nos seus banquinhos. Os dois Fernandos à beira de uma cerca perto da divisa dos terrenos.

Ah, meu Deus e Nossa Senhora!

Quanta fartura em tão pouco. Quanta alegria em tanto sofrimento. Quanta satisfação em tanto sacrifício. Quanto aprendizado em tão pouco tempo.

"**Voltar melhor do que saímos.**" Essa frase da Barla, logo no primeiro dia, não me sai da cabeça. Não me sai do pensamento. Fico preso nela até que alguém grita:

– Vamos embora gente, o Silvão chegou!

Sílvio era sempre o último a chegar. E agora ele estava na companhia do Leandro Xuxa e do Valdir. Eles ficaram um pouco para trás, mas chegaram ao destino junto conosco.

Esperamos eles almoçarem, descansamos mais um bocadinho e pronto. Lá vamos nós de novo enfrentar aquele trecho árduo de chão de asfalto até o famoso "Homem de Lata", em Moreira César.

De lá, o ônibus nos buscaria para dormirmos nossa última noite na peregrinação em um salão paroquial enorme, bem cuidado e arejado, segundo foi-me falado.

O sol parecia queimar mais que de costume. Os relógios apontavam 13h40 quando deixamos a sombra frondosa da mangueira para trás.

Passos e mais passos amparados pelo cajado a nos sustentar. Os pés doloridos. Os calçados apertando. A dor acumulada dos dias anteriores da caminhada que fizemos e estamos fazendo.

Olho para a frente e vejo uma reta só.

Meu Deus, vamos ter que andar tudo isso! – penso comigo mesmo.

Quantos quilômetros ainda a percorrer naquela tarde ensolarada. Quanto caminho pela frente. Ah, os meus pés! A minha canela esquerda que parece queimar feito brasa, agora menos, é verdade, pela meia compressora que recebi emprestada do meu estimado amigo Tio Negão.

Alguém grita alguma coisa lá atrás e viro-me para tentar saber o que era. E não consigo desvendar. Desvendo, porém, outra realidade.

Meu Deus, que imagem maravilhosa eu vejo então: uma reta maior ainda está ficando para trás. Aquele asfalto que parece embaçado, tremulando ao meu olhar. A perder de vista. Ou seja, **o que caminhamos é bem mais do que falta.**

O trajeto que já percorremos nesses sete dias é muito maior do que nos resta neste e no oitavo dia. Daí eu paro no meio da pista e começo a agradecer.

**Tal qual a minha vida, eu vejo que ainda há muito a percorrer, mas o que já caminhei deixa-me honrado, feliz e orgulhoso.**

Que sensação maravilhosa essa de não mais estar parado na vida. Mas o amigão de todos, o Tello, me lembra que neste instante eu estou parado, sim:

– Vamos, escritor, o que houve? Parou por quê?

– Ah, sim, verdade. Vamos embora. Estava pensando na vida – respondi em meio a sorrisos.

E vamos conversando mais um pouco por esse trecho. Ele me conta da paixão do novo carro antigo que está restaurando. Um carro que tinha sido dele e que a magia do tempo e do trabalho árduo lhe permitiram sua recompra e agora renovado ficará um luxo.

Um luxo, isso mesmo. Um luxo que já explanei aqui!

Como a nossa vida é totalmente relativa. Naquele momento em que estávamos sós, andando às margens de uma rodovia perto de Moreira César, o nosso maior luxo talvez fosse o tênis que usávamos. E olhe que o mais surrado possível.

O do Zé Luciano, então, rs, já vinha em sua terceira caminhada. Era o mesmo, talvez por superstição ou por conforto, sei lá.

"Só sei que era assim", eita frase boa da personagem Chicó, do magistral e maravilhoso *Auto da Compadecida*, de Ariano Suassuna.

E foi desse gênio Ariano que eu estava contando a anedota do louco para o Tello, quando avistamos pela primeira vez a cidade de Moreira César.

Mais alguns quilômetros e estávamos já cortando a cidade. E que sensação maravilhosa essa, como já relatei aqui.

As pessoas nos surpreendem com seus pedidos de orações, com suas solicitações de preces, com as suas palavras de força e encorajamento.

Ah, que maravilha.

Mais uma parada técnica para os sagrados dez minutos de descanso e lá vamos nós para o último trecho daquela tarde.

Estava muito, muito, muito cansado, mas uma energia estranha vem à mente, quando viramos uma esquina e dou de cara com uma escultura enorme, gigante, mais à frente.

"O Homem de Lata" – pensei!

E era, realmente.

Só que na verdade a escultura em si era de um "soldado romano".

Vejo que o Rinaldo está à minha espera. Saio de trás da escultura e vou à frente daquela obra de arte e vejo na mão esquerda um elmo, uma lança na mão direita e uma espada às suas costas. Um capacete cobre a sua cabeça e a bota característica de um soldado romano não me deixa dúvida alguma sobre aquela representação.

Me emociono abraçado ao Rinaldo. O gladiador de Roma.

Me arrepio ao relembrar a cena da crucificação de Jesus, onde Ele clama: "Tenho sede".

Me emociono, também, ao relembrar a cena do Zezão, José Elcio colocando o terço no cajado do Carvalho, tal qual a lança do soldado romano.

São cenas e flashes que desencadeiam na minha mente e na minha alma uma energia rara de satisfação e reconhecimento.

Estou recomposto e renovado.

Bem mais agora, sentado à beira de uma quitanda, de frente à escultura, chupando uma laranja e comendo morango.

As frutas são bálsamo para a nossa fome.

A árvore em que recostamos nos dá a sombra desejada por tanto tempo.

E assim terminamos a caminhada no nosso penúltimo dia. Chegamos a Moreira César, no Salão Paroquial São Vito, Paróquia São Vicente de Paulo, um pouco antes das 4h da tarde.

Um local maravilhoso, extremamente amplo, onde fizemos a dinâmica dos dois abraços logo após nosso último jantar da peregrinação, que teve arroz, feijão com linguiça, macarrão, carne bovina em tiras e salada de batatas com ovos.

A dinâmica dos dois abraços me emocionou muito. Sentamos em círculo e cada um falou um pouquinho de sua motivação e razão de estar ali, naquele grupo. São histórias reais. Motivadoras ao extremo. O primeiro abraço foi trocado nesse momento. O segundo será na chegada a Aparecida, poucos metros antes de passar aos pés da Santa. Que maravilha!

Nossa missão estava chegando ao fim.

**Os esforços valeram a pena.**

**A alegria era muito maior que a dor.**

Tal qual a imagem daquela reta de asfalto que mencionei à tarde.

Senti-me muito orgulhoso de ver o mapa daquela nossa trajetória e saber que já andamos tanto. Hoje **caminhamos 43 quilômetros em 12 horas. Já acumulamos 307 quilômetros de nossa peregrinação!**

E só faltam 21 quilômetros para passarmos aos pés da Santa Mãe Padroeira.

Que emoção eu sinto agora, de novo, ao escrever estas linhas. O dia em que aprendi a lição sete: **a peregrinação como reafirmação da fé**. Tal qual aconteceu com a menina cega que voltou a enxergar porque insistiu com sua mãe para levá-la ao Santuário. Que fé dessa menina e dessa mãe.

Ave Maria!

# MILAGRE 8

## O ATENTADO À IMAGEM

*O ano era 1978, e um atentado consternou o país todo. A imagem de Nossa Senhora Aparecida havia sido reduzida a mais de 160 pedaços. A reconstituição ficou a cargo da restauradora Maria Helena Chartuni, no prestigiado MASP, Museu de Arte de São Paulo. A restauradora ficou em choque quando viu o estrago feito e confidenciou que levaria anos para remontar a imagem. Em três meses não só a restauração estava concluída como a fé de Maria Helena Chartuni estava renovada. E mais uma vez o milagre se refez!*

# OITAVO DIA
## 22 DE OUTUBRO DE 2021
## MOREIRA CESAR – APARECIDA

E então chegou o grande dia!

Meu Deus, quanta emoção!

Confesso que foi difícil "apagar" nessa noite e dormir um pouco.

Fiquei conversando ainda, já deitado, com o José Luciano e o Rinaldo falando do trecho desse livro que havia lido na dinâmica dos dois abraços. Nino, apelido de Carlos Antonio, 62 anos, em sua primeira experiência, Edenilson, 46 anos de idade, em sua quarta experiência, e Elaine, cacondense, 48 anos, em sua quinta caminhada, também conversavam ao longe.

Os outros todos já dormiam.

E, por fim, nós também adormecemos.

O despertador do Rinaldo dispara às 2h da madrugada, de novo. E dessa vez, muito mais alto porque ele estava do meu lado esquerdo. Do meu lado direito estava o José Luciano, ainda meio despertando, tentando levantar-se, quando um vulto surge à sua frente.

A noite ainda estava bem escura, com uma fresta de luz vindo do salão ao lado e esse vulto estava mais escuro ainda. Um ser com roupa toda preta e um capuz triangular na cabeça trouxe o José Luciano para o mundo dos "vivos", assustado (risos) e perguntando já atônito:

– O que é isso? Quem é? De onde você veio? Eu morri?

– Calma José. Sou eu. O Élcio.

Élcio estava na peregrinação do ano anterior. Não conseguiu, por motivos particulares, estar junto conosco no grupo dos 24 peregrinos deste ano. Ele sofreu muito com a caminhada e este último trecho ele não conseguiu desfrutar direito de tanta dor que lhe acometia ano passado e resolveu fazer uma surpresa para o José Luciano e todo o nosso grupo, participando dessa última etapa, com camiseta e tudo.

E assim aprendi a oitava lição desta caminhada: **a peregrinação como reconstrução da fé**. A chance de dar uma nova oportunidade a nós mesmos. A reconstrução do nosso interior. Acreditar que podemos de novo! E, dessa vez, melhor ainda. Com mais vida! Com muito mais fé!

José Luciano, após o susto, abraçou-o e reapresentou-o ao grupo.

**Saímos em 24 peregrinos e chegaremos com 25. Que bênção! Tantos e tantos grupos diminuem ao longo da caminhada e alguns ficam pelo caminho! O nosso, pelo contrário, cresceu!**

E assim, às 3h08 estamos de novo ao lado do "Homem de Lata", escultura do soldado romano em Moreira César, para iniciar os 21 quilômetros finais da caminhada.

Asfalto. Asfalto. Asfalto. Hoje serão momentos de pura emoção só em estrada vicinal e rodovia. Nossa preocupação, neste trecho, além dos carros é com os "ladrões de peregrinos". Pode isso? Imagina só. Você caminhando e preocupado com pessoas que do nada saltam do mato para roubar o celular e pertences dos "cideiros".

Meu Deus, Minha Mãe Nossa Senhora que nos protejam sempre!

O dia dá sinais de clarear e a emoção só aumenta!

Olho para a frente e vejo o salpicar de luzes da cidade de Aparecida, e lá vamos nós, agora quase mudos, em silêncio, cada qual agradecendo demais as bênçãos alcançadas.

Eu, também agradecido, choro copiosamente e vou ficando para trás, enquanto o terço é rezado em alto e bom som pela nossa amiga Maria Bertolini. Apenas Rinaldo não a escuta bem, porque seu ouvido direito perdeu boa parte da audição há anos.

Ele também fica para trás, escapando para urinar por volta das 6h da manhã. O dia já estava claro. Sem sol ainda. Uma temperatura amena e uma brisa gostosa nos anima ainda mais.

De repente, Rinaldo volta quase correndo e chega ao meu encontro com um sorriso gigante estampado no rosto:

**– Meu caro, ouço a doce voz de Maria a rezar o terço!**

**Ainda em prantos eu balanço a cabeça em sinal positivo e confirmo que mais bênçãos hão de vir! Minha Nossa Senhora!**

Chegamos para o nosso último café da peregrinação na avenida Itaguaçu às 7h40. É a primeira visão da abóbada da Basílica de Aparecida à nossa frente.

O coração parece saltar do peito.

Nem quero comer nada, mas o corpo pede o alimento.

Alimento para o corpo e para a alma!

O cansaço já se encontra em segundo plano.

Minha canela esquerda está queimando, mas não importa tanto. O que realmente faz sentido é a alegria de estar ali, naquele grupo de 25 peregrinos. Agora a concentração total na troca de camiseta e na chegada triunfal.

Menos de dois quilômetros nos separam da imagem de Nossa Senhora. **Vamos caminhando todos em silêncio!**

**As lágrimas naturalmente caem de nossos olhos.**

Lembro-me da saída às escadarias da Igreja Matriz de Tapiratiba. Do som do Sabino. Da primeira parada em Caconde, às margens da rodovia naquela quinta-feira da semana passada. Do primeiro descanso na rodoviária.

Como esquecer do Morro da Morte, em Palmeiral. Da subida até chegar à "lixeira". Meu Deus! Minha Nossa Senhora!

Quantas e quantas lembranças permeiam a minha mente e me fazem chorar de novo! Choro de emoção! Choro de alegria e resiliência! Choro de dever cumprido!

São 8h25 e o ônibus da Romatur para quase em frente ao portão principal de entrada na Basílica. Ali será feita a nossa última foto antes de adentrarmos àquele local sagrado. Todos juntos e emocionados!

Hoje caminhamos **21 quilômetros em cinco horas e meia, totalizando, então, 328 quilômetros.**

A imagem da Santa Padroeira que nos acompanhou durante todo o percurso chega agora ao peito do Rinaldo e ele a levará consigo. José Luciano pede para eu ser o primeiro a entrar.

Quanta honra Meu Deus!

Obrigado! Obrigado! Obrigado!

Demos o nosso segundo abraço e caminhamos todos para passar às 8h40 aos pés da imagem de Nossa Senhora Aparecida!

Choro sem parar. Rinaldo é o primeiro a chegar. Em seguida, Fernando Souza leva consigo os exames de sua mãe e chora copiosamente. Cada um vai passando por ali, e as reações são deveras emocionantes. **Fico sem palavras e vivo este momento único de oração, amor, fé e graça!**

Quando olho para o lado, vejo, enfim, Jairo de joelhos encaminhando-se para passar por ali também. Esta é a cena que ficará em minha retina por todo o sempre, com certeza.

Obrigado Mãe Aparecida!

Obrigado Meu Deus!

Obrigado ao grupo todo que caminhou **328 quilômetros em 95 horas e cinco minutos.**

Missão cumprida!

Que dia inesquecível!

Que emoção eu sinto agora, de novo, ao escrever estas linhas. O dia em que aprendi a lição oito: **a peregrinação como reconstrução da fé**. Tal qual aconteceu com a restauradora Maria Helena Chartuni ao reconstruir a imagem de Nossa Senhora e renovar a sua fé. Que Santa Milagrosa!

Ave Maria!

# EPÍLOGO

E na madrugada do terceiro dia, quando Maria Madalena e os apóstolos O foram visitar, Jesus não mais estava naquele lugar.

A salvação se fez presente.

A vida venceu a morte!

Foi neste contexto que o meu estimado professor e chef Rinaldo Rino contou-me, também na terceira madrugada de nossa peregrinação, que havia visto três estrelas cadentes.

Três?

Três!

Olha que simbolismo mais forte: três Marias, três "mosqueteiros", três madrugadas, terceiro dia, três estrelas cadentes. Aquelas mesmas que foram guias e mestras dos três Reis Magos!

O nascimento e a morte!

E agora o renascimento! A ressurreição! A força da unidade. A força da multiplicação. A força da Santíssima Trindade, como já relatei nesta obra.

**O elo triunfal que abre e fecha este livro. A peregrinação como metáfora da vida!**

Ah, a vida! Quando menos se espera, ela se transforma.

Não há nenhum planejamento acima de Deus Pai/ Mãe, Filho e Espírito Santo.

Quando não é, não é mesmo. Como o terço, que deveria pertencer ao Rinaldo. Iguais às bolhas que eram do Valdeci. Igual à maternidade ímpar que teve que passar a Maria Bertolini. Igual à depressão que teve que superar o Sílvio. Igual a doença que foi eliminada pelo Jairo.

Enfim!

Estratégias são mudadas. Sonhos são desfeitos. Planos são refeitos. Situações mudam a cada instante.

E o simples da vida vem de forma concreta. Contundente. Improvável. Sem esperar. O mais inusitado possível.

Tal qual esta história que fecha com chave de ouro toda a experiência única da peregrinação. A fonte de onde se bebem grandes lições, como as enaltecidas em cada dia da nossa caminhada.

A peregrinação como mudança de vida, como suporte à dor, ao sofrimento, e, ainda assim, agradecido pelas graças alcançadas, como sustentáculo da fé, como fonte de perdão, como autoconhecimento, como serviço ao próximo, como reafirmação e reconstrução da fé.

Mas nenhuma dessas lições aprendidas e selecionadas por mim em cada capítulo fecharia de forma brilhante este manual. Maria, minha Mãe, sempre nos surpreende e de forma inusitada, repito, mostra-me esta aula magistral.

Esta lição que passo a detalhar.

Passando por Ipuiúna, pelo centro, como já relatei aqui no **terceiro dia** de nossa peregrinação, eis que surge no final da avenida um bar, totalmente simples, com três bêbados à porta.

Um deles se dirige ao nosso quarteto formado àquela hora por mim, Barla, Valdir e Fernando Souza, balbuciando em tom bem característico:

– Vocês estão indo a Aparecida?

O que de plano eu respondi em meio a risadas:

– Estamos sim! Vamos conosco?

E ele na maior simplicidade e sabedoria possíveis respondeu em alto e bom som:

– **Cada passo é um milagre!**

O quê? Eu ouvi certo?

– Cada passo é um milagre!

Isso mesmo!

Me calei na hora, respirei fundo e busquei o nome do bar: Estrela Cadente!

Estrela Cadente?

Ah, não! Não pode ser!

Meu Deus!

Minha Nossa Senhora Aparecida!

Sim, Estrela Cadente era o nome daquele simples bar.

Mais uma vez fico sem palavras e vejo a lição maior que tenho que aprender antes de terminar estas poucas linhas que escrevo.

Nossa Senhora escolheu a frase final deste relato cruel e maravilhoso de uma peregrinação, utilizando um bar hiper mega simples, tal qual uma manjedoura no meio da cidade de Belém. E ainda de nome Estrela Cadente para demonstrar que um de seus Reis Magos embriagados de amor pudesse elucidar **a maior e mais importante lição que este livro traz**:

– **Cada passo é um milagre!**

Cada passo é, de fato, um milagre. O milagre da iniciativa. Do querer. Do executar. Da persistência. Da obediência. Da paciência. Da resiliência. Do esforço. Da superação.

**O milagre diário da vida. Um passo por vez.** Encarando os desafios e dificuldades do caminho.

Um caminho de fé é isso:

– Cada passo é um milagre!

Tal qual a nossa vida:

– **Cada passo é um milagre!**

**Ave Maria!**